RACINE.

ESTHER

ILLUSTRÉE

PAR PAUQUET.

PRIX : 25 CENTIMES,

PARIS,
PUBLIÉ PAR GUSTAVE BARBA, LIBRAIRE-EDITEUR,
RUE DE SEINE, 31.

PANTHÉON POPULAIRE

RACINE
ILLUSTRÉ PAR FAUQUET.

GUSTAVE BARBA, ÉDITEUR.

BEST, HOTELIN ET RÉGNIER, GRAVEURS.

ESTHER,
TRAGÉDIE EN TROIS ACTES.

NOTICE SUR ESTHER.

Les circonstances dans lesquelles fut créée la tragédie d'*Esther* sont complètement exceptionnelles et se rattachent à l'histoire de l'abbaye royale de Saint-Louis, connue sous le nom de Saint-Cyr. Madame de Maintenon avait conçu depuis longtemps le projet d'un établissement où seraient élevées gratuitement des jeunes filles nobles sans fortune, lorsqu'en 1685 elle obtint l'autorisation de Louis XIV. Mansard fut chargé de construire les bâtiments au village de Saint-Cyr, près de Versailles, et deux cent cinquante demoiselles y furent installées au mois de juin 1686, sous la direction d'une communauté de trente-six dames, qui prirent le nom de Dames de Saint-Louis.

La première supérieure de cette maison, madame de Brinon, avait composé pour exercer ses pensionnaires une tragédie détestable, mais qui leur avait inspiré le goût du

ASSUÉRUS. Vivez : le sceptre d'or que vous tend cette main... (Act. II, sc. VII.)

théâtre. Madame de la Maisonfort, chanoinesse du Poussai, en succédant à madame de Brinon au mois de décembre 1688, trouva les représentations dramatiques organisées dans le pensionnat. On y jouait la *Mariamne* de Tristan, *Polyeucte*, *Alexandre*, *Iphigénie*, et même *Andromaque*. Les demoiselles de Saint-Cyr exprimèrent avec tant de vérité les passions de cette dernière pièce, que madame de Maintenon en fut effrayée. Elle écrivit à Racine : « Nos petites filles viennent de jouer votre *Andromaque*; elles l'ont si bien jouée, qu'elles ne la joueront de leur vie, ni aucune autre de vos pièces. » Elle le priait en même temps de lui composer dans ses moments de loisir un drame historique et moral dont l'amour serait banni. Racine, après avoir longtemps hésité, s'arrêta au sujet d'*Esther*, qui parut admirable à Boileau. La pièce fut faite assez vite, et communiquée à madame de Maintenon, à laquelle elle plut d'autant plus que c'était en partie son histoire. La musique des chœurs fut confiée à Jean-Baptiste Moreau, musicien d'Angers. Les rôles furent ainsi distribués : Assuérus, madame de Quélus ; Mardochée, mademoiselle de Glapion ; Esther, mademoiselle de Veiennes ; Aman, mademoiselle d'Abancourt ; Zarès, mademoiselle de Marsilly ; Elise, madame de la Maisonfort. Beren, décorateur des spectacles de la cour, disposa le théâtre. Racine forma lui-même à la déclamation les jeunes actrices. L'une d'elles ayant manqué de mémoire, il s'écria : « Oh ! mademoiselle, vous perdez ma pièce ! » La jeune fille désolée se mit à pleurer. Aussitôt le poëte courut à elle, prit son mouchoir et essuya ses larmes. Deux répétitions préalables eurent lieu à Versailles, devant Louis XIV. Enfin le 20 janvier, à trois heures, le roi, Monseigneur et quelques courtisans privilégiés, quelques seigneurs, assistèrent à la première représentation d'*Esther*. La tragédie réussit à merveille, disent les *Mémoires de Dangeau*. « Toutes les petites demoiselles jouèrent et chantèrent très-bien. Le roi, les dames et les courtisans qui eurent permission d'y aller en revinrent charmés. Madame de Maintenon avait si bien disposé de tout, qu'il n'y eut aucun embarras. »

Madame de Sévigné était présente, et voici ce qu'elle écrivait à sa fille : « Le maréchal de Bellefond vint se mettre par choix à mon côté. Après la pièce, le maréchal sortit de sa place pour aller dire au roi combien il était content, et qu'il était auprès d'une dame qui était bien digne de voir *Esther*. Le roi vint vers nos places, et, après avoir tourné, il s'adressa à moi et me dit : « Madame, je suis assuré » que vous avez été contente. Moi, sans m'étonner, je répondis : « Sire, je suis charmée ; ce que je sens est au-dessus des paroles. » Le roi me dit : « Racine a bien de l'esprit. » Je lui dis : « Sire, il en a » beaucoup ; mais, en vérité, ces jeunes personnes en ont aussi beau- » coup : elles entrent dans le sujet comme si elles n'avaient jamais fait » autre chose. » Il me dit : « Ah ! pour cela, il est vrai. » Et puis Sa Majesté s'en alla et me laissa l'objet de l'envie. »

Cette conversation, ces mots : *Racine a bien de l'esprit*, suffiraient pour établir de ses œuvres de Racine avaient des juges bien incompétents. « Le 3 février, selon Dangeau, le roi, Monseigneur, madame la Dauphine et toute la maison royale allèrent encore à Saint-Cyr voir la tragédie d'*Esther*. Il n'y vint que les dames et les courtisans que le roi nomma, et tout le monde en fut également enthousiasmé. »

La troisième représentation eut lieu le 5 février. Louis XIV y conduisit Jacques II, ci-devant roi d'Angleterre, qui venait de se réfugier en France. On comptait aussi parmi les spectateurs plusieurs évêques, le Père Lachaise, confesseur du roi, et une douzaine de jésuites et plusieurs filles de Sainte-Geneviève avec madame de Miramion leur supérieure. Les ecclésiastiques n'applaudirent pas moins que les laïques, et la tragédie nouvelle fut considérée comme un chef-d'œuvre supérieur à tout ce que Racine avait fait.

On lit dans les mémoires de la Beaumelle : « Madame de Maintenon fut importunée de tous côtés ; il y avait deux mille aspirants, il n'y avait que deux cents places. Une comédie de couvent devint l'affaire la plus sérieuse de la cour. Les secrétaires d'État quittaient leurs occupations les plus pressées pour voir *Esther*. Les ministres disgraciés rentraient en faveur après l'avoir vue. La maréchale d'Estrées, qui ne l'avait point louée, se justifia de son silence comme d'un crime. C'était une fureur. On montrait de la jalousie. Le roi faisait une liste, comme pour le voyage de Marly. Il entrait le premier et se tenait à la porte, la feuille à la main, la canne levée de l'autre, comme pour former une barrière. Il y restait jusqu'à ce que tous les nommés fussent entrés. « Jamais sujet ne fut plus heureusement choisi. Imitateur des anciens qui mêlaient dans leurs pièces les événements de leur temps, Racine avait fait entrer dans la sienne le tableau de la cour et des spectateurs, et cependant il avait conservé dans leur intégrité des faits tirés d'un livre trop respectable pour pouvoir être altéré. Il avait plu, en dépit d'Aristote, en versifiant, comme il le dit lui-même, les scènes que Dieu avait préparées. Jamais poëte n'eut un parterre plus brillant. Tout ce que l'Europe avait de plus grand, Versailles de plus ingénieux, Paris de plus délicat, y était rassemblé. On voyait sur le théâtre l'auteur rayonnant d'une joie vive mais modeste ; Despréaux à côté de lui, déridant son front jaloux et triste, et s'enivrant de la gloire de son ami ; madame de Montespan et Louvois confondus dans la foule, se cherchant des yeux, se retrouvant sur la scène sous les noms de Vasthi et d'Aman ; Louis XIV charmé de se reconnaître dans la fierté d'un roi de Perse, dans son amour pour la justice, dans sa tendresse pour Esther ; enfin madame de Maintenon auprès de lui sur un tabouret, attentive à toutes ses questions, exposée à tous les regards, les soutenant tous avec majesté et modestie, dissimulant par une joie ouverte sur le succès de ses élèves celle que lui donnaient des applications toutes flatteuses ; le triomphe d'*Esther* était le sien ; elle était, lui disait-on, cette Esther qui *a puisé ses jours dans la race proscrite*, qui par sa vertu seule captive un roi puissant, cette Esther qui dans sa retraite s'occupe à cultiver *ces jeunes et tendres fleurs transplantées*, et qui, *lasse de vains honneurs*, met toute sa gloire à s'oublier elle-même. »

Esther fut imprimée pour la première fois à la fin de 1689, chez Thierry, à Paris. Malgré l'harmonieuse poésie des vers, elle obtint peu de succès à la lecture. « L'impression, dit le duc de la Feuillade, est une requête civile contre l'approbation publique. » Dans le privilége annexé à la pièce, les Dames de Saint-Cyr interdisaient la représentation à tous acteurs et autres gens montant sur le théâtre. Elles usèrent de ce monopole les 5, 10, 19, 23 et 30 janvier 1690 ; puis la pièce tomba dans l'oubli. Elle ne fut pas jouée publiquement avant le jeudi 8 mai 1721. Le vieux Baron, qui était rentré dans la troupe du faubourg Saint-Germain, remplissait le rôle d'Assuérus ; mais malgré le talent qu'il déploya, la pièce ne se soutint que pendant huit représentations. Elle a été reprise par intervalles, et tout récemment encore pour mademoiselle Rachel ; mais elle n'a jamais été très-appréciée par le parterre. Nous pensons toutefois que si la tragédie d'*Esther* pèche par l'absence de grands incidents dramatiques, ce défaut est racheté par des charmes de versification, par une pureté de langage et par une délicatesse inimitables.

Le sujet d'*Esther* avait été mis plusieurs fois au théâtre. En 1567, André de Rivaudeau, gentilhomme du bas Poitou, fit imprimer à Poitiers, in-4°, chez Jean Logerois, *Aman*, tragédie sainte tirée du chapitre septième d'*Esther*.

Pierre Matthieu, historiographe de France sous Henri IV, publia à son tour : *Esther*, tragédie en cinq actes, sans distinction de scènes et avec des chœurs. Histoire tragique en laquelle est représentée la condition des rois et princes sur le théâtre de fortune, la prudence de leur conseil, les désastres qui surviennent par l'orgueil, l'ambition, l'envie et la trahison, combien est odieuse la désobéissance des femmes, finalement combien les reines doivent amollir le courroux des rois endurcis sur l'oppression de leurs sujets. Lyon, Jean Stratins, 1585, in-12.

Quelques années après l'impression de cette pièce, Matthieu la refondit pour composer les deux tragédies de *Vasthi* et d'*Aman*, dont les titres méritent d'être reproduits à cause de leur bizarrerie.

Vasthi, tragédie en cinq actes, en vers, sans distinction de scènes et avec des chœurs, en laquelle, outre les tristes effets de l'orgueil et désobéissance, est démontrée la louange d'une monarchie bien ordonnée, l'office d'un bon prince pour heureusement commander, sa puissance, son ornement, son exercice éloigné du luxe et dissolution, et la belle harmonie d'un mariage bien accordé, avec un petit abrégé de l'histoire des rois de Perse, dédiée au sérénissime prince monseigneur le duc de Nemours et Genevois, gouverneur de Lyon. Lyon, Benoît Rigaud, 1589, in-12.

Aman, tragédie en cinq actes, sans distinction d'actes ni de scènes, et avec des chœurs ; de la perfidie et trahison ; des pernicieux effets de l'ambition et envie ; de la grâce et bienveillance des rois, dangereuse à ceux qui en abusent ; de leur libéralité et récompense mesurée au mérite, non à l'affection ; de la protection de Dieu sur son peuple, qu'il garantit des conjurations et oppressions des méchants. Dédiée au prudent, noble et grave consulat de la ville de Lyon. Lyon, Benoît Rigaud, 1589, in-12.

On trouve dans le recueil des tragédies d'Antoine de Montchrestien, seigneur de Vasteville, Rouen, Jean Petit, 1600, in-8°, une tragédie intitulée : *Aman ou la Vanité*. Un autre Rouennais, Pierre Mainfray, fit paraître en 1617 la *Tragédie nouvelle de la perfidie d'Aman*, mignon et favori du roi Assuérus ; sa conjuration contre les Juifs, où l'on voit naïvement représenté l'état misérable de ceux qui se fient aux grandeurs. Le tout tiré et extrait de l'Ancien Testament, du livre d'Esther, en huit actes, en vers.

Une autre tragédie d'*Esther*, par Pierre Duryer, membre de l'Académie française, fut représentée en 1643 sur le théâtre de l'hôtel de Bourgogne. Cette pièce n'était pas sans mérite, et peut-être que Racine a daigné la consulter. Mardochée y décrit en ces termes le massacre projeté des Juifs :

On doit ensevelir dans le même naufrage
Les vieillards, les enfants, et tout sexe et tout âge,
Et sans considérer le mérite ou le rang,
En étouffer la race et l'éteindre en leur sang.

Ensuite il ajoute, en se tournant vers Esther :

L'infortune des Juifs, leurs douleurs et leurs craintes
Ont besoin de secours et non pas de vos plaintes.
Ce n'est pas les aider que de craindre pour eux,
Et c'est agir pour vous qu'aider ces malheureux.

Un peu plus loin le Mardochée de Duryer tient encore un langage analogue à celui que lui prête Racine :

Car, enfin, croiriez-vous éviter les tempêtes,
De qui le coup mortel tomberait sur leurs têtes,
Et que leur mauvais sort, respectant votre rang,
N'allât pas jusqu'au trône épuiser votre sang ?
Si pour sauver les Juifs votre bras ne s'emploie,
Le ciel, pour les sauver, peut faire une autre voie ;
Croyez-vous que le ciel vous rende souveraine,
Et vous donne l'éclat et le titre de reine,
Pour briller seulement de l'illustre splendeur
Que répandent sur vous la pourpre et la grandeur ?
Croyez-vous aujourd'hui posséder la couronne,
Pour jouir seulement des plaisirs qu'elle donne ?

L'histoire d'Esther, consignée dans un livre de la Bible, se passa environ 514 ans avant Jésus-Christ.

ÉMILE DE LA BÉDOLLIÈRE.

PRÉFACE.

La célèbre maison de Saint-Cyr ayant été principalement établie pour élever dans la piété un fort grand nombre de jeunes demoiselles rassemblées de tous les endroits du royaume, on n'y a rien oublié de tout ce qui pouvait contribuer à les rendre capables de servir Dieu dans les différents états où il lui plaira de les appeler. Mais, en leur montrant les choses essentielles et nécessaires, on ne néglige pas de leur apprendre celles qui peuvent servir à leur polir l'esprit, et à leur former le jugement. On a imaginé pour cela plusieurs moyens, qui, sans les détourner de leur travail et de leurs exercices ordinaires, les instruisent en les divertissant : on leur met, pour ainsi dire, à profit leurs heures de récréation. On leur fait faire entre elles, sur leurs principaux devoirs, des conversations ingénieuses qu'on leur a composées exprès, ou qu'elles-mêmes composent sur-le-champ. On les fait parler sur les histoires qu'on leur a lues, ou sur les importantes vérités qu'on leur a enseignées. On leur fait réciter par cœur et déclamer les plus beaux endroits des meilleurs poëtes; et cela leur sert surtout à les défaire de quantité de mauvaises prononciations qu'elles pourraient avoir apportées de leurs provinces. On a soin aussi de faire apprendre à chanter à celles qui ont de la voix, et on ne leur laisse pas perdre le poëme où le chant est mêlé avec le récit, le tout lié par une action qui rendît la chose plus vive et moins capable d'ennuyer.

Je leur proposai le sujet d'Esther, qui les frappa d'abord, cette histoire leur paraissant pleine de grandes leçons d'amour de Dieu et de détachement du monde au milieu du monde même. Et je crus de mon côté que tu y trouverais assez de facilité à traiter ce sujet; d'autant plus qu'il me sembla que, sans altérer aucune des circonstances tant soit peu considérables de l'Écriture sainte, ce qui serait, à mon avis, une espèce de sacrilège, je pourrais remplir toute mon action avec les seules scènes que Dieu lui-même, pour ainsi dire, a préparées.

J'entrepris donc la chose : et je m'aperçus qu'en travaillant sur le plan qu'on m'avait donné j'exécutais en quelque sorte un dessein qui m'avait souvent passé dans l'esprit; qui était de lier, comme dans les anciennes tragédies grecques, le chœur et le chant avec l'action, et d'employer à chanter les louanges du vrai Dieu cette partie du chœur que les païens employaient à chanter les louanges de leurs fausses divinités.

A dire vrai, je ne pensais guère que la chose dût être aussi publique qu'elle l'a été. Mais les grandes vérités de l'Écriture, et la manière sublime dont elles y sont énoncées, pour peu qu'on les présente, même imparfaitement, aux yeux des hommes, sont si propres à les frapper, et d'ailleurs ces jeunes demoiselles ont déclamé et chanté cet ouvrage avec tant de grâce, tant de modestie, et tant de piété, qu'il n'a pas été possible qu'il demeurât renfermé dans le secret de leur maison : de sorte qu'un divertissement d'enfants est devenu le sujet de l'empressement de toute la cour, le roi lui-même, qui en avait été touché, n'ayant pu refuser à tout ce qu'il y a de plus grands seigneurs de les y mener, et ayant eu la satisfaction de voir, par le plaisir qu'ils ont pris, qu'on se peut aussi bien divertir aux choses de piété, qu'à tous les spectacles profanes.

Au reste, quoique j'aie évité soigneusement de mêler le profane avec le sacré, j'ai cru néanmoins que je pouvais emprunter deux ou trois traits d'Hérodote, pour mieux peindre Assuérus : car j'ai suivi le sentiment de plusieurs savants interprètes de l'Écriture, qui tiennent que ce roi est le même que le fameux Darius, fils d'Hystaspe, dont parle cet historien. En effet, ils en rapportent quantité de preuves, dont quelques-unes me paraissent des démonstrations. Mais je n'ai pas jugé à propos de croire ce même Hérodote sur sa parole, lorsqu'il dit que les Perses n'élevaient ni temples, ni autels, ni statues à leurs dieux, et qu'ils ne se servaient point de libations dans leurs sacrifices. Son témoignage est expressément détruit par l'Écriture, aussi bien que par Xénophon, beaucoup mieux instruit que lui des mœurs et des affaires de la Perse, et enfin par Quinte-Curce.

On peut dire que l'unité de lieu est observée dans cette pièce, en ce que toute l'action se passe dans le palais d'Assuérus. Cependant, comme on voulait rendre ce divertissement plus agréable à des enfants en jetant quelque variété dans les décorations, cela a été cause que je n'ai pas gardé cette unité avec la même rigueur que j'ai fait autrefois dans mes tragédies.

Je crois qu'il est bon d'avertir ici que bien qu'il y ait dans Esther des personnages d'hommes, ces personnages n'ont pas laissé d'être représentés par des filles avec toute la bienséance de leur sexe. La chose leur a été d'autant plus aisée qu'anciennement les habits des Persans et des Juifs étaient de longues robes qui tombaient jusqu'à terre.

Je ne puis me résoudre à finir cette préface sans rendre à celui qui a fait la musique la justice qui lui est due, et sans confesser franchement que ses chants ont fait un des plus grands agréments de la pièce. Tous les connaisseurs demeurent d'accord que depuis longtemps on n'a point entendu d'airs plus touchants ni plus convenables aux paroles. Quelques personnes ont trouvé la musique du dernier chœur un peu longue, quoique très-belle. Mais qu'aurait-on dit de ces jeunes Israélites qui avaient tant fait de vœux à Dieu pour être délivrées de l'horrible péril où elles étaient, si, ce péril étant passé, elles lui en avaient rendu de médiocres actions de grâces? Elles auraient directement péché contre la louable coutume de leur nation, où l'on ne recevait de Dieu aucun bienfait signalé, qu'on ne l'en remerciât sur-le-champ par de fort longs cantiques; témoin ceux de Marie, sœur de Moïse, de Débora et de Judith, et tant d'autres dont l'Écriture est pleine. On dit même que les Juifs, encore aujourd'hui, célèbrent par de grandes actions de grâces le jour où leurs ancêtres furent délivrés par Esther de la cruauté d'Aman.

ESTHER.

PROLOGUE.

LA PIÉTÉ.

Du séjour bienheureux de la Divinité
Je descends dans ce lieu[1] par la Grâce habité :
L'Innocence s'y plaît, ma compagne éternelle,
Et n'a point sous les cieux d'asile plus fidèle.
Ici, loin du tumulte, aux devoirs les plus saints
Tout un peuple naissant est formé par mes mains :
Je nourris dans son cœur la semence féconde
Des vertus dont il doit sanctifier le monde.
Un roi qui me protége, un roi victorieux,
A commis à mes soins ce dépôt précieux.
C'est lui qui rassembla ces colombes timides,
Éparses en cent lieux, sans secours et sans guides :
Pour elles, à sa porte, élevant ce palais,
Il leur y fit trouver l'abondance et la paix.
  Grand Dieu, que cet ouvrage ait place en ta mémoire!
Que tous les soins qu'il prend pour soutenir la gloire
Soient gravés de ta main au livre où sont écrits
Les noms prédestinés des rois que tu chéris!
Tu m'écoutes : ma voix ne t'est point étrangère;
Je suis la Piété, cette fille si chère,
Qui t'offre de ce roi les plus tendres soupirs :
Du feu de ton amour j'allume ses désirs.

[1] La maison de Saint-Cyr.

Du zèle qui pour toi l'enflamme et le dévore
La chaleur se répand du couchant à l'aurore :
Tu le vois tous les jours, devant toi prosterné,
Humilier ce front de splendeur couronné,
Et, confondant l'orgueil par d'augustes exemples,
Baiser avec respect le pavé de tes temples.
De ta gloire animé, lui seul de tant de rois
S'arme pour ta querelle, et combat pour tes droits.
Le perfide intérêt, l'aveugle jalousie,
S'unissent contre toi pour l'affreuse hérésie;
La discorde en fureur frémit de toutes parts;
Tout semble abandonner tes sacrés étendards;
Et l'enfer, couvrant tout de ses vapeurs funèbres,
Sur les yeux les plus saints a jeté ses ténèbres :
Lui seul invariable, et fondé sur la foi,
Ne cherche, ne regarde, et n'écoute que toi,
Et, bravant du démon l'impuissant artifice,
De la religion soutient tout l'édifice.
Grand Dieu, juge ta cause, et déploie aujourd'hui
Ce bras, ce même bras qui combattait pour lui
Lorsque des nations à sa perte animées
Le Rhin vit tant de fois disperser les armées.
Des mêmes ennemis je reconnais l'orgueil;
Ils viennent se briser contre le même écueil :
Déjà rompant partout leurs plus fermes barrières,
Du débris de leurs forts il couvre ses frontières.
Tu lui donnes un fils prompt à le seconder,
Qui sait combattre, plaire, obéir, commander;
Un fils qui, comme lui suivi de la victoire,
Semble à gagner son cœur borner toute sa gloire;
Un fils à tous ses vœux avec amour soumis,
L'éternel désespoir de tous ses ennemis :
Pareil à ces esprits que la justice envoie,
Quand son roi lui dit : Pars, il s'élance avec joie,
Du tonnerre vengeur s'en va tout embraser,
Et tranquille à ses pieds revient le déposer.
Mais, tandis qu'un grand roi venge ainsi mes injures,
Vous qui goûtez ici des délices si pures,
S'il permet à son cœur un moment de repos,
A vos jeux innocents appelez ce héros;
Retracez-lui d'Esther l'histoire glorieuse,
Et sur l'impiété la foi victorieuse.
Et vous, qui vous plaisez aux folles passions
Qu'allument dans vos cœurs les vaines fictions,
Profanes amateurs de spectacles frivoles,
Dont l'oreille s'ennuie au son de mes paroles,
Fuyez de mes plaisirs la sainte austérité :
Tout respire ici Dieu, la paix, la vérité.

PERSONNAGES.

ASSUÉRUS, roi de Perse.
ESTHER, reine de Perse.
MARDOCHÉE, oncle d'Esther.
AMAN, favori d'Assuérus.
ZARÈS, femme d'Aman.
HYDASPE, officier du palais intérieur d'Assuérus.
ASAPH, autre officier d'Assuérus.
ÉLISE, confidente d'Esther.
THAMAR, Israélite de la suite d'Esther.
GARDES du roi Assuérus.
CHŒUR de jeunes filles israélites.

La scène est à Suse, dans le palais d'Assuérus.

ACTE PREMIER.

Le théâtre représente l'appartement d'Esther.

SCÈNE I.

ESTHER, ÉLISE.

ESTHER. Est-ce toi, chère Élise? O jour trois fois heureux !
Que béni soit le ciel qui te rend à mes vœux !
Toi, qui, de Benjamin comme moi descendue,
Fus de mes premiers ans la compagne assidue,
Et qui, d'un même joug souffrant l'oppression,
M'aidais à soupirer les malheurs de Sion !
Combien de temps encore est cher à ma mémoire !
Mais toi, de ton Esther ignorais-tu la gloire ?
Depuis plus de six mois que je te fais chercher,
Quel climat, quel désert a donc pu te cacher?
ÉLISE. Au bruit de votre mort justement éplorée,
Du reste des humains je vivais séparée,
Et de mes tristes jours n'attendais que la fin,
Quand tout à coup, madame, un prophète divin :
« C'est pleurer trop longtemps une mort qui t'abuse,
» Lève-toi, m'a-t-il dit, prends ton chemin vers Suse :
» Là tu verras d'Esther la pompe et les honneurs,
» Et sur le trône assis le sujet de tes pleurs.
» Rassure, ajouta-t-il, tes tribus alarmées,
» Sion; le jour approche où le Dieu des armées
» Va de son bras puissant faire éclater l'appui;
» Et le cri de son peuple est monté jusqu'à lui. »
Il dit : et moi, de joie et d'horreur pénétrée,
Je cours. De ce palais j'ai su trouver l'entrée.
O spectacle! ô triomphe admirable à mes yeux,
Digne en effet du bras qui sauva nos aïeux!
Le fier Assuérus couronne sa captive,
Et le Persan superbe est aux pieds d'une Juive !
Par quels secrets ressorts, par quel enchaînement
Le ciel a-t-il conduit ce grand événement?
ESTHER. Peut-être on t'a conté la fameuse disgrâce
De l'altière Vasthi, dont j'occupe la place,
Lorsque le roi, contre elle enflammé de dépit,
La chassa de son trône ainsi que de son lit.
Mais il ne put Eitôt en bannir la pensée :
Vasthi régna longtemps dans son âme offensée.
Dans ses nombreux États il fallut donc chercher
Quelque nouvel objet qui l'en pût détacher.
De l'Inde à l'Hellespont ses esclaves coururent :
Les filles de l'Egypte à Suse comparurent;
Celles même du Parthe et du Scythe indompté
Y briguèrent le sceptre offert à la beauté.
On m'élevait alors, solitaire et cachée,
Sous les yeux vigilants du sage Mardochée :
Tu sais combien je dois à ses heureux secours.
La mort m'avait ravi les auteurs de mes jours :
Mais lui, voyant en moi la fille de son frère,
Me tint lieu, chère Élise, et de père et de mère.
Du triste état des Juifs jour et nuit agité,
Il me tira du sein de mon obscurité;
Et, sur mes faibles mains fondant leur délivrance,
Il me fit d'un empire accepter l'espérance.
A ses desseins secrets, tremblante, j'obéis;
Je vins : mais je cachai ma race et mon pays.
Qui pourrait cependant t'exprimer les cabales
Que formait en ces lieux ce peuple de rivales,
Qui toutes, disputant un si grand intérêt,
Des yeux d'Assuérus attendaient leur arrêt?
Chacune avait sa brigue et de puissants suffrages :
L'une d'un sang fameux vantait les avantages;
L'autre pour se parer de superbes atours,
Des plus adroites mains empruntait le secours :
Et moi, pour toute brigue et pour tout artifice,
De mes larmes au ciel j'offrais le sacrifice.
Enfin on m'annonça l'ordre d'Assuérus.
Devant ce fier monarque, Elise, je parus.
Dieu tient le cœur des rois entre ses mains puissantes;
Il fait que tout prospère aux âmes innocentes,
Tandis qu'en ses projets l'orgueilleux est trompé.
De mes faibles attraits le roi parut frappé :
Il m'observa longtemps dans un sombre silence;
Et le ciel, qui pour moi fit pencher la balance,
Dans ce temps-là, sans doute, agissait sur son cœur.
Enfin, avec des yeux où régnait la douceur :
Soyez reine, dit-il; et dès ce moment même
De sa main sur mon front posa son diadème.
Pour mieux faire éclater sa joie et son amour,
Il combla de présents tous les grands de sa cour;
Et même ses bienfaits, dans toutes ses provinces,
Invitèrent le peuple aux noces de leurs princes.
Hélas! durant ces jours de joie et de festins,
Quels étaient en secret ma honte et mes chagrins !
Esther, disais-je, Esther dans la pourpre est assise
La moitié de la terre à son sceptre est soumise :
Et de Jérusalem l'herbe cache les murs !

Sion, repaire affreux de reptiles impurs,
Voit de son temple saint les pierres dispersées !
Et du Dieu d'Israël les fêtes sont cessées !
ÉLISE. N'avez-vous point au roi confié vos ennuis ?
ESTHER. Le roi, jusqu'à ce jour, ignore qui je suis.
Celui par qui le ciel règle ma destinée
Sur ce secret encor tient ma langue enchaînée.
ÉLISE. Mardochée ? Hé ! peut-il approcher de ces lieux ?
ESTHER. Son amitié pour moi le rend ingénieux.
Absent, je le consulte; et ses réponses sages
Pour venir jusqu'à moi trouvent mille passages :
Un père a moins de soin du salut de son fils.
Déjà même, déjà, par ses secrets avis,
J'ai découvert au roi les sanglantes pratiques
Que formaient contre lui deux ingrats domestiques.
Cependant mon amour pour notre nation
A rempli ce palais de filles de Sion :
Jeunes et tendres fleurs, par le sort agitées,
Sous un ciel étranger comme moi transplantées.
Dans un lieu séparé de profanes témoins,
Je mets à les former mon étude et mes soins ;
Et c'est là que, fuyant l'orgueil du diadème,
Lasse de vains honneurs, et me cherchant moi-même,
Aux pieds de l'Eternel je viens m'humilier,
Et goûter le plaisir de me faire oublier.
Mais à tous les Persans je cache leurs familles.
Il faut les appeler. Venez, venez, mes filles,
Compagnes autrefois de ma captivité,
De l'antique Jacob jeune postérité.

SCÈNE II.

ESTHER, ÉLISE, LE CHOEUR.

UNE ISRAÉLITE *chantant derrière le théâtre.*
Ma sœur, quelle voix nous appelle ?
UNE AUTRE. J'en reconnais les agréables sons :
C'est la reine.
TOUTES DEUX. Courons, mes sœurs, obéissons.
La reine nous appelle :
Allons, rangeons-nous auprès d'elle.
TOUT LE CHOEUR *entrant sur la scène par plusieurs endroits différents.*
La reine nous appelle :
Allons, rangeons-nous auprès d'elle.
ÉLISE. Ciel ! quel nombreux essaim d'innocentes beautés
S'offre à mes yeux en foule, et sort de tous côtés !
Quelle aimable pudeur sur leur visage est peinte !
Prospérez, cher espoir d'une nation sainte.
Puissent jusques au ciel vos soupirs innocents
Monter comme l'odeur d'une agréable encens !
Que Dieu jette sur vous des regards pacifiques !
ESTHER. Mes filles, chantez-nous quelqu'un de ces cantiques
Où vos voix si souvent se mêlant aux pleurs
De la triste Sion célèbrent les malheurs.
UNE ISRAÉLITE *chante seule.* Déplorable Sion, qu'as-tu fait de ta gloire ?
Tout l'univers admirait ta splendeur ;
Tu n'es plus que poussière ; et de cette grandeur
Il ne nous reste plus que la triste mémoire.
Sion, jusques au ciel élevée autrefois,
Jusqu'aux enfers maintenant abaissée,
Puissé-je demeurer sans voix,
Si dans mes chants ta douleur retracée
Jusqu'au dernier soupir n'occupe ma pensée !
TOUT LE CHOEUR. O rives du Jourdain ! ô champs aimés des cieux !
Sacrés monts, fertiles vallées
Par cent miracles signalées !
Du doux pays de nos aïeux
Serons-nous toujours exilées ?
UNE ISRAÉLITE *seule.* Quand verrai-je, ô Sion ! relever tes remparts,
Et de tes tours les magnifiques faîtes ?
Quand verrai-je de toutes parts
Tes peuples en chantant accourir à tes fêtes ?
TOUT LE CHOEUR. O rives du Jourdain ! ô champs aimés des cieux !
Sacrés monts, fertiles vallées
Par cent miracles signalées !
Du doux pays de nos aïeux
Serons-nous toujours exilées ?

SCÈNE III.

ESTHER, MARDOCHÉE, ÉLISE, LE CHOEUR.

ESTHER. Quel profane en ce lieu s'ose avancer vers nous ?
Que vois-je ! Mardochée ! O mon père, est-ce vous ?
Un ange du Seigneur sous son aile sacrée
A donc conduit vos pas, et caché votre entrée ?
Mais d'où vient cet air sombre, et ce cilice affreux,
Et cette cendre enfin qui couvre vos cheveux ?
Que nous annoncez-vous ?
MARDOCHÉE. O reine infortunée !
O d'un peuple innocent barbare destinée !
Lisez, lisez l'arrêt détestable, cruel...
Nous sommes tous perdus ! et c'est fait d'Israël !
ESTHER. Juste ciel ! tout mon sang dans mes veines se glace !
MARDOCHÉE. On doit de tous les Juifs exterminer la race.
Au sanguinaire Aman nous sommes tous livrés ;
Les glaives, les couteaux sont déjà préparés :
Toute la nation à la fois est proscrite.
Aman, l'impie Aman, race d'Amalécite,
A pour ce coup funeste armé tout son crédit ;
Et le roi trop crédule a signé cet édit.
Prévenu contre nous par cette bouche impure,
Il nous croit en horreur à toute la nature :
Ses ordres sont donnés, et dans tous ses Etats
Le jour fatal est pris pour tant d'assassinats.
Cieux, éclairerez-vous cet horrible carnage !
Le fer ne connaîtra ni le sexe ni l'âge ;
Tout doit servir de proie aux tigres, aux vautours :
Et ce jour effroyable arrive dans dix jours.
ESTHER. O Dieu, qui vois former des desseins si funestes,
As-tu donc de Jacob abandonné les restes ?
UNE DES PLUS JEUNES ISRAÉLITES.
Ciel, qui nous défendra, si tu ne nous défends ?
MARDOCHÉE. Laissez les pleurs, Esther, à ces jeunes enfants.
En vous est tout l'espoir de vos malheureux frères ;
Il faut les secourir ; mais les heures sont chères ;
Le temps vole, et bientôt amènera le jour
Où le nom des Hébreux doit périr sans retour.
Toute pleine du feu de tant de saints prophètes,
Allez, osez au roi déclarer qui vous êtes.
ESTHER. Hélas ! ignorez-vous quelles sévères lois
Aux timides mortels cachent ici les rois ?
Au fond de leur palais leur majesté terrible
Affecte à leurs sujets de se rendre invisible.
Et la mort est le prix de tout audacieux
Qui sans être appelé se présente à leurs yeux,
Si le roi dans l'instant, pour sauver le coupable,
Ne lui donne à baiser son sceptre redoutable.
Rien ne met à l'abri de cet ordre fatal,
Ni le rang, ni le sexe ; et le crime est égal.
Moi-même, sur son trône à ses côtés assise,
Je suis à cette loi, comme une autre, soumise ;
Et sans le prévenir, il faut pour lui parler
Qu'il me cherche, ou du moins qu'il me fasse appeler.
MARDOCHÉE. Quoi ! lorsque vous voyez périr votre patrie,
Pour quelque chose, Esther, vous comptez votre vie !
Dieu parle ; et d'un mortel vous craignez le courroux !
Que dis-je ! votre vie, Esther, est-elle à vous ?
N'est-elle pas au sang dont vous êtes issue ?
N'est-elle pas à Dieu dont vous l'avez reçue ?
Et qui sait, lorsqu'au trône il conduisit vos pas,
Si pour sauver son peuple il ne vous gardait pas ?
Songez-y bien ; ce Dieu ne vous a pas choisie
Pour être un vain spectacle aux peuples de l'Asie,
Ni pour charmer les yeux des profanes humains :
Pour un plus noble usage il réserve ses saints.
S'immoler pour son nom et pour son héritage,
D'un enfant d'Israël voilà le vrai partage.
Trop heureuse pour lui de souffrir mille morts !
Et quel besoin son bras a-t-il de nos secours ?
Que peuvent contre lui tous les rois de la terre ?
En vain ils s'uniraient pour lui faire la guerre :
Pour dissiper leur ligue il n'a qu'à se montrer :
Il parle, et dans la poudre il les fait tous rentrer.
Au seul son de sa voix la mer fuit, le ciel tremble :
Il voit comme un néant tout l'univers ensemble ;
Et les faibles mortels, vains jouets du trépas,
Sont tous devant ses yeux comme s'ils n'étaient pas.
S'il a permis d'Aman l'audace criminelle,
Sans doute qu'il voulait éprouver votre zèle.
C'est lui qui, m'excitant à vous oser chercher,
Devant moi, chère Esther, a bien voulu marcher ;
Et s'il faut que sa voix frappe en vain vos oreilles,
Nous n'en verrons pas moins éclater ses merveilles.
Il peut confondre Aman, il peut briser nos fers
Par la plus faible main qui soit dans l'univers :
Et vous, qui n'aurez point accepté cette grâce,
Vous périrez peut-être et toute votre race.
ESTHER. Allez ; que les Juifs dans Suse répandus,
A prier avec vous jour et nuit assidus,
Me prêtent de leurs vœux le secours salutaire,
Et pendant ces trois jours gardent un jeûne austère.

Déjà la sombre nuit a commencé son tour :
Demain, quand le soleil rallumera le jour,
Contente de périr, s'il faut que je périsse,
J'irai pour mon pays m'offrir en sacrifice.
Qu'on s'éloigne un moment.
(*Le chœur se retire dans le fond du théâtre.*)

SCÈNE IV.
ESTHER, ÉLISE, LE CHŒUR.

ESTHER.   O mon souverain roi,
Me voici donc tremblante et seule devant toi !
Mon père mille fois m'a dit dans mon enfance
Qu'avec nous tu juras une sainte alliance,
Quand, pour te faire un peuple agréable à tes yeux,
Il plut à ton amour de choisir nos aïeux :
Même tu leur promis de ta bouche sacrée
Une postérité d'éternelle durée.
Hélas ! ce peuple ingrat a méprisé ta loi.
La nation chérie a violé sa foi ;
Elle a répudié son époux et son père,
Pour rendre à d'autres dieux un honneur adultère :
Maintenant elle sert sous un maître étranger.
Mais c'est peu d'être esclave, on la veut égorger :
Nos superbes vainqueurs, insultant à nos larmes,
Imputent à leurs dieux le bonheur de leurs armes,
Et veulent aujourd'hui qu'un même coup mortel
Abolisse ton nom, ton peuple, et ton autel.
Ainsi donc un perfide, après tant de miracles,
Pourrait anéantir la foi de tes oracles,
Ravirait aux mortels le plus cher de tes dons,
Le saint que tu promets, et que nous attendons ?
Non, non, ne souffre pas que ces peuples farouches,
Ivres de notre sang, ferment les seules bouches
Qui dans tout l'univers célèbrent tes bienfaits,
Et confonds tous ces dieux qui ne furent jamais.
Pour moi, que tu retiens parmi ces infidèles,
Tu sais combien je hais leurs fêtes criminelles,
Et que je mets au rang des profanations
Leur table, leurs festins, et leurs libations ;
Que même cette pompe où je suis condamnée,
Ce bandeau dont il faut que je paraisse ornée
Dans ces jours solennels à l'orgueil dédiés,
Seule et dans le secret je le foule à mes pieds ;
Qu'à ces vains ornements je préfère la cendre,
Et n'ai de goût qu'aux pleurs que je me vois répandre.
J'attendais le moment marqué dans ton arrêt,
Pour oser de ton peuple embrasser l'intérêt :
Ce moment est venu ; ma prompte obéissance
Va d'un roi redoutable affronter la présence.
C'est pour toi que je marche : accompagne mes pas
Devant ce fier lion qui ne te connaît pas ;
Commande en me voyant que son courroux s'apaise
Et prête à mes discours un charme qui lui plaise.
Les orages, les vents, les cieux te sont soumis :
Tourne enfin sa fureur contre nos ennemis.

SCÈNE V.
Toute cette scène est chantée.
LE CHŒUR.

UNE ISRAÉLITE *seule*. Pleurons et gémissons, mes fidèles compagnes ;
A nos sanglots donnons un libre cours :
Levons les yeux vers les saintes montagnes
D'où l'innocence attend tout son secours.

O mortelles alarmes !
Tout Israël périt. Pleurez, mes tristes yeux :
Il ne fut jamais sous les cieux
Un si juste sujet de larmes.
TOUT LE CHŒUR. O mortelles alarmes !
UNE AUTRE ISRAÉLITE. N'était-ce pas assez qu'un vainqueur odieux
De l'auguste Sion eût détruit tous les charmes,
Et traîné ses enfants captifs en mille lieux !
TOUT LE CHŒUR. O mortelles alarmes !
LA MÊME ISRAÉLITE. Faibles agneaux livrés à des loups furieux,
Nos soupirs sont nos seules armes.
TOUT LE CHŒUR. O mortelles alarmes !
UNE ISRAÉLITE. Arrachons, déchirons tous ces vains ornements
Qui parent notre tête.
UNE AUTRE.   Revêtons-nous d'habillements
Conformes à l'horrible fête
Que l'impie Aman nous apprête.
TOUT LE CHŒUR. Arrachons, déchirons tous ces vains ornements
Qui parent notre tête.

UNE ISRAÉLITE. Quel carnage de toutes parts !
On égorge à la fois les enfants, les vieillards,
Et la sœur et le frère,
Et la fille et la mère,
Le fils dans les bras de son père !
Que de corps entassés, que de membres épars,
Privés de sépulture !
Grand Dieu, tes saints sont la pâture
Des tigres et des léopards !
UNE DES PLUS JEUNES ISRAÉLITES. Hélas ! si jeune encore,
Par quel crime ai-je pu mériter mon malheur ?
Ma vie à peine a commencé d'éclore :
Je tomberai comme une fleur
Qui n'a vu qu'une aurore.
Hélas ! si jeune encore,
Par quel crime ai-je pu mériter mon malheur ?
UNE AUTRE. Des offenses d'autrui malheureuses victimes,
Que nous servent, hélas ! ces regrets superflus ?
Nos pères ont péché, nos pères ne sont plus,
Et nous portons la peine de leurs crimes.
TOUT LE CHŒUR. Le Dieu que nous servons est le Dieu des combats ;
Non, non, il ne souffrira pas
Qu'on égorge ainsi l'innocence.
UNE ISRAÉLITE *seule*. Hé quoi ! dirait l'impiété,
Où donc est-il ce Dieu si redouté
Dont Israël nous vantait la puissance ?
UNE AUTRE. Ce Dieu jaloux, ce Dieu victorieux,
Frémissez, peuples de la terre,
Ce Dieu jaloux, ce Dieu victorieux,
Est le seul qui commande aux cieux :
Ni les éclairs, ni le tonnerre
N'obéissent point à vos dieux.
UNE AUTRE. Il renverse l'audacieux.
UNE AUTRE. Il prend l'humble sous sa défense.
TOUT LE CHŒUR. Le Dieu que nous servons est le Dieu des combats :
Non, non, il ne souffrira pas
Qu'on égorge ainsi l'innocence.
DEUX ISRAÉLITES. O Dieu, que la gloire couronne,
Dieu, que la lumière environne,
Qui voles sur l'aile des vents,
Et dont le trône est porté par les anges ;
DEUX AUTRES DES PLUS JEUNES. Dieu, qui veut bien que de simples enfants
Avec eux chantent tes louanges.
TOUT LE CHŒUR. Tu vois nos pressants dangers ;
Donne à ton nom la victoire ;
Ne souffre point que ta gloire
Passe à des dieux étrangers.
UNE ISRAÉLITE *seule*. Arme-toi, viens nous défendre ;
Descends, tel qu'autrefois la mer te vit descendre.
Que les méchants apprennent aujourd'hui
A craindre ta colère.
Qu'ils soient comme la poudre et la paille légère
Que le vent chasse devant lui.
TOUT LE CHŒUR. Tu vois nos pressants dangers ;
Donne à ton nom la victoire :
Ne souffre point que ta gloire
Passe à des dieux étrangers.

ACTE DEUXIÈME.

Le théâtre représente la chambre où est le trône d'Assuérus.

SCÈNE I.
AMAN, HYDASPE.

AMAN. Hé quoi ! lorsque le jour ne commence qu'à luire,
Dans ce lieu redoutable oses-tu m'introduire ?
HYDASPE. Vous savez qu'on s'en peut reposer sur ma foi ;
Que ces portes, seigneur, n'obéissent qu'à moi.
Venez. Partout ailleurs on pourrait nous entendre.
AMAN. Quel est donc le secret que tu me veux apprendre ?
HYDASPE. Seigneur, de vos bienfaits mille fois honoré,
Je me souviens toujours que je vous ai juré
D'exposer à vos yeux, par des avis sincères,
Tout ce que ce palais renferme de mystères.
Le roi d'un noir chagrin paraît enveloppé ;
Quelque songe effrayant cette nuit l'a frappé.
Pendant que tout gardait un silence paisible,
Sa voix s'est fait entendre avec un cri terrible.
J'ai couru. Le désordre était dans ses discours :
Il s'est plaint d'un péril qui menaçait ses jours ;
Il parlait d'ennemi, de ravisseur farouche ;

ACTE II, SCÈNE III.

Même le nom d'Esther est sorti de sa bouche.
Il a dans ces horreurs passé toute la nuit.
Enfin, las d'appeler un sommeil qui le fuit,
Pour écarter de lui ces images funèbres,
Il s'est fait apporter ces annales célèbres
Où les faits de son règne, avec soin amassés,
Par de fidèles mains chaque jour sont tracés;
On y conserve écrits le service et l'offense :
Monuments éternels d'amour et de vengeance.
Le roi, que j'ai laissé plus calme dans son lit,
D'une oreille attentive écoute ce récit.

AMAN. De quel temps de sa vie a-t-il choisi l'histoire?
HYDASPE. Il revoit tous ces temps si remplis de sa gloire,
Depuis le fameux jour qu'au trône de Cyrus
Le choix du sort plaça l'heureux Assuérus.
AMAN. Ce songe, Hydaspe, est donc sorti de son idée?
HYDASPE. Entre tous les devins fameux dans la Chaldée,
Il a fait assembler ceux qui savent le mieux
Lire en un songe obscur les volontés des cieux...
Mais quel trouble vous-même aujourd'hui vous agite?
Votre âme en m'écoutant paraît tout interdite :
L'heureux Aman a-t-il quelques secrets ennuis?
AMAN. Peux-tu le demander dans la place où je suis?
Haï, craint, envié, souvent plus misérable
Que tous les malheureux que mon pouvoir accable!
HYDASPE. Hé! qui jamais du ciel eut des regards plus doux?
Vous voyez l'univers prosterné devant vous.
AMAN. L'univers! Tous les jours un homme... un vil esclave,
D'un front audacieux me dédaigne et me brave.
HYDASPE. Quel est cet ennemi de l'État et du roi?
AMAN. Le nom de Mardochée est-il connu de toi?
HYDASPE. Qui? ce chef d'une race abominable, impie?
AMAN. Oui, lui-même.
HYDASPE. Hé, seigneur! d'une si belle vie
Un si faible ennemi peut-il troubler la paix?
AMAN. L'insolent devant moi ne se courba jamais.
En vain de la faveur du plus grand des monarques
Tout révère à genoux les glorieuses marques;
Lorsque d'un saint respect tous les Persans touchés
N'osent lever leurs fronts à la terre attachés,
Lui, fièrement assis, et la tête immobile,
Traite tous ces honneurs d'impiété servile,
Présente à mes regards un front séditieux,
Et ne daignerait pas au moins baisser les yeux.
Du palais cependant il assiége la porte :
A quelque heure que j'entre, Hydaspe, ou que je sorte,
Son visage odieux m'afflige et me poursuit;
Et mon esprit troublé le voit encor la nuit.
Ce matin j'ai voulu devancer la lumière :
Je l'ai trouvé couvert d'une affreuse poussière,
Revêtu de lambeaux, tout pâle; mais son œil
Conservait sous la cendre encor le même orgueil.
D'où lui vient, cher ami, cette impudente audace?
Toi, qui dans ce palais vois tout ce qui se passe,
Crois-tu que quelque voix ose parler pour lui?
Sur quel roseau fragile a-t-il mis son appui?
HYDASPE. Seigneur, vous le savez, son avis salutaire
Découvrit de Tharès le complot sanguinaire.
Le roi promit alors de le récompenser :
Le roi, depuis ce temps, paraît n'y plus penser.
AMAN. Non, il faut à tes yeux dépouiller l'artifice :
J'ai su de mon destin corriger l'injustice :
Dans les mains des Persans jeune enfant apporté,
Je gouverne l'empire où je fus acheté;
Mes richesses des rois égalent l'opulence;
Environné d'enfants, soutiens de ma puissance,
Il ne manque à mon front que le bandeau royal :
Cependant (des mortels aveuglement fatal!)
De cet amas d'honneurs la douceur passagère
Fait sur mon cœur à peine une atteinte légère;
Mais Mardochée, assis aux portes du palais,
Dans ce cœur malheureux enfonce mille traits;
Et toute ma grandeur me devient insipide
Tandis que le soleil éclaire ce perfide.
HYDASPE. Vous serez de sa vue affranchi dans dix jours :
La nation entière est promise aux vautours.
AMAN. Ah! que ce temps est long à mon impatience!
C'est lui, je te veux bien confier ma vengeance,
C'est lui qui, devant moi refusant de ployer,
Les a livrés au bras qui les va foudroyer.
C'était trop peu pour moi d'une telle victime :
La vengeance trop faible attire un second crime.
Un homme tel qu'Aman, lorsqu'on l'ose irriter,
Dans sa juste fureur ne peut trop éclater.
Il faut des châtiments dont l'univers frémisse;

Qu'on tremble en comparant l'offense et le supplice;
Que les peuples entiers dans le sang soient noyés.
Je veux qu'on dise un jour aux siècles effrayés :
Il fut des Juifs; il fut une insolente race;
Répandus sur la terre ils en couvraient la face :
Un seul osa d'Aman attirer le courroux;
Aussitôt de la terre ils disparurent tous.
HYDASPE. Ce n'est donc pas, seigneur, le sang amalécite
Dont la voix à les perdre en secret vous excite?
AMAN. Je sais que, descendu de ce sang malheureux,
Une éternelle haine a dû m'armer contre eux;
Qu'ils firent d'Amalec un indigne carnage;
Que, jusqu'aux vils troupeaux, tout éprouva leur rage;
Qu'un déplorable reste à peine fut sauvé :
Mais, crois-moi, dans le rang où je suis élevé,
Mon âme, à ma grandeur tout entière attachée,
Des intérêts du sang est faiblement touchée.
Mardochée est coupable; et que faut-il de plus?
Je prévins donc contre eux l'esprit d'Assuérus;
J'inventai des couleurs; j'armai la calomnie;
J'intéressai sa gloire; il trembla pour sa vie :
Je les peignis puissants, riches, séditieux;
Leur dieu même ennemi de tous les autres dieux.
Jusqu'à quand contre toi que ce peuple respire,
Et d'un culte profane infecte votre empire?
Étrangers dans la Perse, à nos lois opposés,
Du reste des humains ils semblent divisés,
N'aspirent qu'à troubler le repos où nous sommes,
Et détestés partout détestent tous les hommes.
Prévenez, punissez leurs insolents efforts,
De leur dépouille enfin grossissez vos trésors.
Je dis; et l'on me crut. Le roi, dès l'heure même,
Mit dans ma main le sceau de son pouvoir suprême :
Assure, me dit-il, le repos de ton roi;
Va, perds ces malheureux : leur dépouille est à toi.
Toute la nation fut ainsi condamnée.
Du carnage avec lui je réglai la journée.
Mais de ce traître enfin le trépas différé
Fait trop souffrir mon cœur de son sang altéré.
Un je ne sais quel trouble empoisonne ma joie.
Pourquoi dix jours encor faut-il que je le voie?
HYDASPE. Et ne pouvez-vous pas d'un mot l'exterminer?
Dites au roi, seigneur, de vous l'abandonner.
AMAN. Je viens pour épier le moment favorable.
Tu connais comme moi ce prince inexorable :
Tu sais combien terrible en ses soudains transports
De nos desseins souvent il rompt tous les ressorts.
Mais à me tourmenter ma crainte est trop subtile :
Mardochée à ses yeux est une âme trop vile.
HYDASPE. Que tardez-vous? Allez, et faites promptement
Élever de sa mort le honteux instrument.
AMAN. J'entends du bruit; je sors. Toi, si le roi m'appelle....
HYDASPE. Il suffit.

SCÈNE II.
ASSUÉRUS, HYDASPE, ASAPH, SUITE D'ASSUÉRUS.

ASSUÉRUS. Ainsi donc, sans cet avis fidèle,
Deux traîtres dans son lit assassinaient leur roi?
Qu'on me laisse; et qu'Asaph seul demeure avec moi.

SCÈNE III.
ASSUÉRUS, ASAPH.

ASSUÉRUS *assis sur son trône.* Je veux bien l'avouer; de ce couple perfide
J'avais presque oublié l'attentat parricide;
Et j'ai pâli deux fois au terrible récit
Qui vient d'en retracer l'image à mon esprit.
Je vois de quel succès leur fureur fut suivie,
Et que dans les tourments ils en laissèrent la vie.
Mais ce sujet zélé qui, d'un œil si subtil,
Sut de leur noir complot développer le fil,
Qui me montra sur moi leur main déjà levée,
Enfin par qui la Perse avec moi fut sauvée,
Quel honneur pour sa foi, quel prix a-t-il reçu?
ASAPH. On lui promit beaucoup : c'est tout ce que j'ai su.
ASSUÉRUS. O d'un si grand service oubli trop condamnable!
Des embarras du trône effet inévitable!
De soins tumultueux un prince environné
Vers de nouveaux objets est sans cesse entraîné;
L'avenir l'inquiète, et le présent le frappe :
Mais plus prompt que l'éclair le passé nous échappe;
Et de tant de mortels à toute heure empressés
A nous faire valoir leurs soins intéressés
Il ne s'en trouve point qui, touchés d'un vrai zèle,

Prennent à notre gloire un intérêt fidèle,
Du mérite oublié nous fassent souvenir,
Trop prompts à nous parler de ce qu'il faut punir.
Ah! que plutôt l'injure échappe à ma vengeance,
Qu'un si rare bienfait à ma reconnaissance!
Et qui voudrait jamais s'exposer pour son roi?
Ce mortel qui montra tant de zèle pour moi
Vit-il encore?

ASAPH.   Il voit l'astre qui vous éclaire.
ASSUÉRUS. Et que n'a-t-il plutôt demandé son salaire?
Quel pays reculé le cache à mes bienfaits?

Assuérus.

ASAPH. Assis le plus souvent aux portes du palais,
Sans se plaindre de vous ni de sa destinée,
Il y traîne, seigneur, sa vie infortunée.
ASSUÉRUS. Et je dois d'autant moins oublier la vertu,
Qu'elle-même s'oublie. Il se nomme, dis-tu?
ASAPH. Mardochée est le nom que je viens de vous lire.
ASSUÉRUS. Et son pays?
ASAPH.   Seigneur, puisqu'il faut vous le dire,
C'est un de ces captifs à périr destinés,
Des rives du Jourdain sur l'Euphrate amenés.
ASSUÉRUS. Il est donc Juif? O ciel! sur le point que ma vie
Par mes propres sujets m'allait être ravie,
Un Juif rend par ses soins leurs efforts impuissants!
Un Juif m'a préservé du glaive des Persans!
Mais, puisqu'il m'a sauvé, quel qu'il soit, il n'importe.
Holà, quelqu'un.

SCÈNE IV.
ASSUÉRUS, HYDASPE, ASAPH.

HYDASPE,   Seigneur?
ASSUÉRUS.   Regarde à cette porte;
Vois s'il s'offre à tes yeux quelque grand de ma cour.
HYDASPE. Aman à votre porte a devancé le jour.
ASSUÉRUS. Qu'il entre. Ses avis m'éclaireront peut-être.

SCÈNE V.
ASSUÉRUS, AMAN, HYDASPE, ASAPH.

ASSUÉRUS. Approche, heureux appui du trône de ton maître,
Ame de mes conseils, et qui seul tant de fois
Du sceptre dans ma main as soulagé le poids.
Un reproche secret embarrasse mon âme.
Je sais combien est pur le zèle qui t'enflamme;
Le mensonge jamais n'entra dans tes discours;
Et mon intérêt seul est le but où tu cours.
Dis-moi donc : que doit faire un prince magnanime
Qui veut combler d'honneurs un sujet qu'il estime?
Par quel gage éclatant, et digne d'un grand roi,
Puis-je récompenser le mérite et la foi?
Ne donne point de borne à ma reconnaissance;
Mesure tes conseils sur ma vaste puissance.
AMAN à part. C'est pour toi-même, Aman, que tu vas prononcer :
ASSUÉRUS. Que penses-tu?
AMAN.   Seigneur, je cherche, j'envisage
Des monarques persans la conduite et l'usage :
Mais à mes yeux en vain je les rappelle tous;
Pour vous régler sur eux, que sont-ils près de vous?
Votre règne aux neveux doit servir de modèle.
Vous voulez d'un sujet reconnaître le zèle :
L'honneur seul peut flatter un esprit généreux;
Je voudrais donc, seigneur, que ce mortel heureux,
De la pourpre aujourd'hui paré comme vous-même,
Et portant sur le front le sacré diadème,
Sur un de vos coursiers pompeusement orné,
Aux yeux de vos sujets dans Suse fût mené :
Que, pour comble de gloire et de magnificence,
Un seigneur éminent en richesse, en puissance,
Enfin de votre empire après vous le premier,
Par la bride guidât son superbe coursier;
Et lui-même marchant en habits magnifiques
Criât à haute voix dans les places publiques :
« Mortels, prosternez-vous : c'est ainsi que le roi
» Honore le mérite, et couronne la foi. »

ACTE I, SCÈNE III.
MARDOCHÉE. Lisez, lisez l'arrêt détestable, cruel...

ASSUÉRUS. Je vois que la sagesse elle-même t'inspire :
Avec mes volontés ton sentiment conspire.
Va, ne perds point de temps; ce que tu m'as dicté,
Je veux de point en point qu'il soit exécuté :
La vertu dans l'oubli ne sera plus cachée.
Aux portes du palais prends le Juif Mardochée,
C'est lui que je prétends honorer aujourd'hui :
Ordonne son triomphe, et marche devant lui;
Que Suse par ta voix de son nom retentisse,
Et fais à son aspect que tout genou fléchisse.
Sortez tous.
AMAN à part.   Dieux!

SCÈNE VI.
ASSUÉRUS.

Le prix est sans doute inouï;
Jamais d'un tel honneur un sujet n'a joui :
Mais plus la récompense est grande et glorieuse,
Plus même de ce Juif la race est odieuse,
Plus j'assure ma vie, et montre avec éclat
Combien Assuérus redoute d'être ingrat.
On verra l'innocent discerné du coupable :

Aman.

Je n'en perdrai pas moins ce peuple abominable;
Leur crime...

SCÈNE VII.
ASSUÉRUS, ESTHER, ÉLISE, THAMAR, UNE PARTIE DU CHOEUR.

(Esther entre s'appuyant sur Élise; quatre Israélites soutiennent sa robe.)

ASSUÉRUS. Sans mon ordre on porte ici ses pas !
Quel mortel insolent vient chercher le trépas?
Gardes.... C'est vous, Esther? quoi! sans être attendue?
ESTHER. Mes filles, soutenez votre reine éperdue.
Je me meurs.
(Elle tombe évanouie.)
ASSUÉRUS. Dieux puissants! quelle étrange pâleur
De son teint tout à coup efface la couleur!
Esther, que craignez-vous? suis-je pas votre frère?
Est-ce pour vous qu'est fait un ordre si sévère?
Vivez : le sceptre d'or que vous tend cette main
Pour vous de ma clémence est un gage certain.
ESTHER. Quelle voix salutaire ordonne que je vive,
Et rappelle en mon sein mon âme fugitive?
ASSUÉRUS. Ne connaissez-vous pas la voix de votre époux?
Encore un coup, vivez et revenez à vous.
ESTHER. Seigneur, je n'ai jamais contemplé qu'avec crainte
L'auguste majesté sur votre front empreinte;
Jugez combien ce front irrité contre moi
Dans mon âme troublée a dû jeter d'effroi :
Sur ce trône sacré qu'environne la foudre
J'ai cru vous voir tout prêt à me réduire en poudre.
Hélas! sans frissonner quel cœur audacieux
Soutiendrait les éclairs qui partaient de vos yeux?
Ainsi du Dieu vivant la colère étincelle...

ASSUÉRUS. O soleil! ô flambeaux de lumière immortelle!
Je me trouble moi-même ; et sans frémissement
Je ne puis voir sa peine et son saisissement.
Calmez, reine, calmez la frayeur qui vous presse.
Du cœur d'Assuérus souveraine maîtresse,
Éprouvez seulement son ardente amitié.
Faut-il de mes États vous donner la moitié?
ESTHER. Hé! se peut-il qu'un roi craint de la terre entière,
Devant qui tout fléchit et baise la poussière,
Jette sur son esclave un regard si serein,
Et m'offre sur son cœur un pouvoir souverain?
ASSUÉRUS. Croyez-moi, chère Esther, ce sceptre, cet empire,
Et ces profonds respects que la terreur inspire,
A leur pompeux éclat mêlent peu de douceur,
Et fatiguent souvent leur triste possesseur.
Je ne trouve qu'en vous je ne sais quelle grâce
Qui me charme toujours et jamais ne me lasse.
De l'aimable vertu doux et puissants attraits!
Tout respire en Esther l'innocence et la paix.
Du chagrin le plus noir elle écarte les ombres,
Et fait des jours sereins de mes jours les plus sombres;
Que dis-je? sur ce trône assis auprès de vous,
Des astres ennemis j'en crains moins le courroux,
Et crois que votre front prête à mon diadème
Un éclat qui le rend respectable aux dieux même.
Osez donc me répondre, et ne me cachez pas
Quel sujet important conduit ici vos pas.
Quel intérêt, quels soins vous agitent, vous pressent?
Je vois qu'en m'écoutant vos yeux au ciel s'adressent.
Parlez : de vos désirs le succès est certain,
Si ce succès dépend d'une mortelle main.

Mardochée.

ESTHER. O bonté qui m'assure autant qu'elle m'honore!
Un intérêt pressant veut que je vous implore :
J'attends ou mon malheur ou ma félicité;
Et tout dépend, seigneur, de votre volonté.
Un mot de votre bouche, en terminant mes peines,
Peut rendre Esther heureuse entre toutes les reines.
ASSUÉRUS. Ah! que vous enflammez mon désir curieux!
ESTHER. Seigneur, si j'ai trouvé grâce devant vos yeux,
Si jamais à mes vœux vous fûtes favorable,
Permettez, avant tout, qu'Esther puisse à sa table
Recevoir aujourd'hui son souverain seigneur,
Et qu'Aman soit admis à cet excès d'honneur.
J'oserai devant lui rompre ce grand silence;
Et j'ai pour m'expliquer besoin de sa présence.

ASSUÉRUS. Dans quelle inquiétude, Esther, vous me jetez!.
Toutefois, qu'il soit fait comme vous souhaitez.
(*A ceux de sa suite.*)
Vous, que l'on cherche Aman; et qu'on lui fasse entendre
Qu'invité chez la reine il ait soin de s'y rendre.

SCÈNE VIII.

ASSUÉRUS, ESTHER, ÉLISE, THAMAR, HYDASPE,
UNE PARTIE DU CHOEUR.

HYDASPE. Les savants Chaldéens, par votre ordre appelés,
Dans cet appartement, seigneur, sont assemblés.
ASSUÉRUS. Princesse, un songe étrange occupe ma pensée :
Vous-même en leur réponse êtes intéressée.
Venez, derrière un voile écoutant leurs discours,
De vos propres clartés me prêter le secours.
Je crains pour vous, pour moi, quelque ennemi perfide.
ESTHER. Suis-moi, Thamar. Et vous, troupe jeune et timide,
Sans craindre ici les yeux d'une profane cour,
A l'abri de ce trône attendez mon retour.

SCÈNE IX.

Cette scène est partie déclamée et partie chantée.

ÉLISE, UNE PARTIE DU CHOEUR.

ÉLISE. Que vous semble, mes sœurs, de l'état où nous sommes?
D'Esther, d'Aman, qui le doit emporter?
Est-ce Dieu, sont-ce les hommes?
Dont les œuvres vont éclater?
Vous avez vu quelle ardente colère
Allumait de ce roi le visage sévère.
UNE ISRAÉLITE. Des éclairs de ses yeux l'œil était ébloui.
UNE AUTRE. Et sa voix m'a paru comme un tonnerre horrible.
ÉLISE. Comment ce courroux si terrible
En un moment s'est-il évanoui?
UNE ISRAÉLITE *chante*. Un moment a changé ce courage inflexible :
Le lion rugissant est un agneau paisible.
Dieu, notre Dieu sans doute a versé dans son cœur
Cet esprit de douceur.
LE CHOEUR *chante*. Dieu, notre Dieu sans doute a versé dans son cœur
Cet esprit de douceur.
LA MÊME ISRAÉLITE *chante*. Tel qu'un ruisseau docile
Obéit à la main qui détourne son cours,
Et, laissant de ses eaux partager le secours,
Va rendre tout un champ fertile :
Dieu, de nos volontés arbitre souverain,
Le cœur des rois est ainsi dans ta main.
ÉLISE. Ah! que je crains, mes sœurs, les funestes nuages
Qui de ce prince obscurcissent les yeux!
Comme il est aveuglé du culte de ses dieux!
UNE ISRAÉLITE. Il n'atteste jamais que leurs noms odieux.
UNE AUTRE. Aux feux inanimés dont se parent les cieux
Il rend de profanes hommages.
UNE AUTRE. Tout son palais est plein de leurs images.
LE CHOEUR *chante*. Malheureux, vous quittez le maître des humains
Pour adorer l'ouvrage de vos mains!
UNE ISRAÉLITE *chante*. Dieu d'Israël, dissipe enfin cette ombre :
Des larmes de tes saints quand seras-tu touché?
Quand sera le voile arraché
Qui sur tout l'univers jette une nuit si sombre?
Dieu d'Israël, dissipe enfin cette ombre :
Jusqu'à quand seras-tu caché?
UNE DES PLUS JEUNES ISRAÉLITES.
Parlons plus bas, mes sœurs. Ciel! si quelque infidèle,
Ecoutant nos discours, nous allait déceler!
ÉLISE. Quoi! fille d'Abraham, une crainte mortelle
Semble déjà vous faire chanceler!
Hé! si l'impie Aman, dans sa main homicide
Faisant luire à vos yeux un glaive menaçant,
A blasphémer le nom du Tout-Puissant
Voulait forcer votre bouche timide!
UNE AUTRE ISRAÉLITE. Peut-être Assuérus, frémissant de courroux,
Si nous ne courbons les genoux
Devant une muette idole,
Commandera qu'on nous immole.
Chère sœur, que choisirez-vous?
LA JEUNE ISRAÉLITE. Moi, je pourrais trahir le Dieu que j'aime!
J'adorerais un dieu sans force et sans vertu,
Reste d'un tronc par les vents abattu,
Qui ne peut se sauver lui-même!
LE CHOEUR *chante*.
Dieux impuissants, dieux sourds, tous ceux qui vous implorent
Ne seront jamais entendus :
Que les démons, et ceux qui les adorent,
Soient à jamais détruits et confondus!
UNE ISRAÉLITE *chante*.
Que ma bouche et mon cœur, et tout ce que je suis,
Rendent honneur au Dieu qui m'a donné la vie.
Dans les craintes, dans les ennuis,
En ses bontés mon âme se confie.
Veut-il par mon trépas que je le glorifie?
Que ma bouche et mon cœur, et tout ce que je suis,
Rendent honneur au Dieu qui m'a donné la vie.
ÉLISE. Je n'admirai jamais la gloire de l'impie.
UNE AUTRE ISRAÉLITE. Au bonheur du méchant qu'une autre porte envie.
ÉLISE. Tous ses jours paraissent charmants;
L'or éclate en ses vêtements :
Son orgueil est sans borne ainsi que sa richesse;
Jamais l'air n'est troublé de ses gémissements :
Il s'endort, il s'éveille au son des instruments ;
Son cœur nage dans la mollesse.
UNE AUTRE ISRAÉLITE. Pour comble de prospérité,
Il espère revivre en sa postérité;
Et d'enfants à sa table une riante troupe
Semble boire avec lui la joie à pleine coupe.
(*Tout le reste est chanté.*)
LE CHOEUR. Heureux, dit-on, le peuple florissant
Sur qui ces biens coulent en abondance.
Plus heureux le peuple innocent
Qui dans le Dieu du ciel a mis sa confiance!
UNE ISRAÉLITE *seule*. Pour contenter ses frivoles désirs
L'homme insensé vainement se consume :
Il trouve l'amertume
Au milieu des plaisirs.
UNE AUTRE *seule*. Le bonheur de l'impie est toujours agité :
Il erre à la merci de sa propre inconstance.
Ne cherchons la félicité
Que dans la joie de l'innocence.
LA MÊME *avec une autre*. O douce paix!
O lumière éternelle!
Beauté toujours nouvelle!
Heureux le cœur épris de tes attraits!
O douce paix!
O lumière éternelle!
Heureux le cœur qui ne te perd jamais!
LE CHOEUR. O douce paix!
O lumière éternelle!
Beauté toujours nouvelle!
O douce paix!
Heureux le cœur qui ne te perd jamais!
LA MÊME *seule*. Nulle paix pour l'impie. Il la cherche, elle fuit;
Et le calme en son cœur ne trouve point de place :
Le glaive au dehors le poursuit;
Le remords au dedans le glace.
UNE AUTRE. La gloire des méchants en un moment s'éteint :
L'affreux tombeau pour jamais les dévore.
Il n'en est pas ainsi de celui qui te craint;
Il renaîtra, mon Dieu, plus brillant que l'aurore,
LE CHOEUR. O douce paix!
Heureux le cœur qui ne te perd jamais!
ÉLISE *sans chanter*.
Mes sœurs, j'entends du bruit dans la chambre prochaine :
On nous appelle; allons rejoindre notre reine.

ACTE TROISIÈME.

Le théâtre représente les jardins d'Esther et un des côtés du salon où se fait le festin.

SCÈNE I.

AMAN, ZARÈS.

ZARÈS. C'est donc ici d'Esther le superbe jardin,
Et ce salon pompeux est le lieu du festin?
Mais, tandis que la porte en est encor fermée,
Ecoutez les conseils d'une épouse alarmée.
Au nom du sacré nœud qui me lie avec vous,
Dissimulez, seigneur, cet aveugle courroux;
Eclaircissez ce front où la tristesse est peinte :
Les rois craignent surtout le reproche et la plainte.
Seul entre tous les grands par la reine invité,
Ressentez donc aussi cette félicité.
Si le mal vous aigrit, que le bienfait vous touche.

ACTE III, SCÈNE III.

AMAN.
Je l'ai cent fois appris de votre propre bouche :
Quiconque ne sait pas dévorer un affront,
Ni de fausses couleurs se déguiser le front,
Loin de l'aspect des rois qu'il s'écarte, qu'il fuie.
Il est des contre-temps qu'il faut qu'un sage essuie :
Souvent avec prudence un outrage enduré
Aux honneurs les plus hauts a servi de degré.

AMAN. O douleur! ô supplice affreux à la pensée!
O honte, qui jamais ne peut être effacée!
Un exécrable Juif, l'opprobre des humains,
S'est donc vu de la pourpre habillé par mes mains!
C'est peu qu'il ait sur moi remporté la victoire ;
Malheureux, j'ai servi de héraut à sa gloire!
Le traître! il insultait à ma confusion ;
Et tout le peuple même, avec dérision
Observant la rougeur qui couvrait mon visage,
De ma chute certaine en tirait le présage.
Roi cruel, ce sont là les jeux où tu te plais!
Tu m'as prodigué tes perfides bienfaits
Que pour me faire mieux sentir ta tyrannie,
Et m'accabler enfin de plus d'ignominie.

ZARÈS. Pourquoi juger si mal de son intention?
Il croit récompenser une bonne action.
Ne faut-il pas, seigneur, s'étonner au contraire
Qu'il en ait si longtemps différé le salaire?
Du reste, il n'a rien fait que par votre conseil ;
Vous-même avez dicté tout ce triste appareil :
Vous êtes après lui le premier de l'empire.
Sait-il toute l'horreur que ce Juif vous inspire?

AMAN. Il sait qu'il me doit tout, et que pour sa grandeur
J'ai foulé sous les pieds remords, crainte, pudeur ;
Qu'avec un cœur d'airain exerçant sa puissance
J'ai fait taire les lois et gémir l'innocence ;
Que pour lui des Persans bravant l'aversion
J'ai chéri, j'ai cherché la malédiction :
Et, pour prix de ma vie à leur haine exposée,
Le barbare aujourd'hui m'expose à leur risée!

ZARÈS. Seigneur, nous sommes seuls. Que sert de se flatter?
Ce zèle pour lui vous fîtes éclater,
Ce soin d'immoler tout à son pouvoir suprême,
Entre nous, avaient-ils d'autre objet que vous-même?
Et, sans chercher plus loin, tous ces Juifs désolés,
N'est-ce pas à vous seul que vous les immolez?
Et ne craignez-vous point que quelque avis funeste...
Enfin la cour nous hait, le peuple nous déteste.
Ce Juif même, il le faut confesser malgré moi,
Ce Juif, comblé d'honneurs, me cause quelque effroi.
Les malheurs sont souvent enchaînés l'un à l'autre ;
Et sa race toujours fut fatale à la vôtre.
De ce léger affront songez à profiter.
Peut-être la fortune est prête à vous quitter ;
Aux plus affreux excès son inconstance passe :
Prévenez son caprice avant qu'elle se lasse.
Où tendez-vous plus haut? Je frémis quand je voi
Les abîmes profonds qui s'offrent devant moi :
La chute désormais ne peut être qu'horrible.
Osez chercher ailleurs un destin plus paisible :
Regagnez l'Hellespont et ces bords écartés
Où vos aïeux errants jadis furent jetés
Lorsque des Juifs contre eux la vengeance allumée
Chassa tout Amalec de la triste Idumée.
Aux malices du sort enfin dérobez-vous.
Nos plus riches trésors marcheront devant nous :
Vous pouvez du départ me laisser la conduite ;
Surtout de vos enfants j'assurerai la fuite.
N'ayez soin cependant que de dissimuler.
Contente, sur vos pas vous me verrez voler ;
La mer la plus terrible et la plus orageuse
Est plus sûre pour nous que cette cour trompeuse.
Mais à grands pas vers vous je vois quelqu'un marcher ;
C'est Hydaspe.

SCÈNE II.

AMAN, ZARÈS, HYDASPE.

HYDASPE. Seigneur, je courais vous chercher.
Votre absence en ces lieux suspend toute la joie ;
Et pour vous y conduire Assuérus m'envoie.

AMAN. Et Mardochée est-il aussi de ce festin?

HYDASPE. A la table d'Esther portez-vous ce chagrin?
Quoi! toujours de ce Juif l'image vous désole?
Laissez-le s'applaudir d'un triomphe frivole.
Croit-il d'Assuérus éviter la rigueur?
Ne possédez-vous pas son oreille et son cœur?
On a payé le zèle, on punira le crime ;
Et l'on vous a, seigneur, orné votre victime.
Je me trompe, ou vos vœux par Esther secondés
Obtiendront plus encor que vous ne demandez.

AMAN. Croirai-je le bonheur que ta bouche m'annonce?

HYDASPE. J'ai des savants devins entendu la réponse :
Ils disent que la main d'un perfide étranger
Dans le sang de la reine est prête à se plonger.
Et le roi, qui ne sait où trouver le coupable,
N'impute qu'aux seuls Juifs ce projet détestable.

AMAN. Oui, ce sont, cher ami, des monstres furieux :
Il faut craindre surtout leur chef audacieux.
La terre avec horreur dès longtemps les endure ;
Et l'on n'en peut trop tôt délivrer la nature.
Ah! je respire enfin. Chère Zarès, adieu.

HYDASPE. Les compagnes d'Esther s'avancent vers ce lieu :
Sans doute leur concert va commencer la fête.
Entrez, et recevez l'honneur qu'on vous apprête.

SCÈNE III.

ÉLISE, LE CHŒUR.

Ceci se récite sans chant.

UNE DES ISRAÉLITES. C'est Aman.

UNE AUTRE. C'est lui-même, et j'en frémis, ma sœur.

LA PREMIÈRE. Mon cœur de crainte et d'horreur se resserre.

L'AUTRE. C'est d'Israël le superbe oppresseur.

LA PREMIÈRE. C'est celui qui trouble la terre.

ÉLISE. Peut-on, en le voyant, ne le connaître pas!
L'orgueil et le dédain sont peints sur son visage.

UNE ISRAÉLITE. On lit dans ses regards sa fureur et sa rage.

UNE AUTRE. Je croyais voir marcher la mort devant ses pas.

UNE DES PLUS JEUNES. Je ne sais si ce tigre a reconnu sa proie ;
Mais, en nous regardant, mes sœurs, il m'a semblé
Qu'il avait dans les yeux une barbare joie
Dont tout mon sang est encore troublé.

ÉLISE. Que ce nouvel honneur va croître son audace!
Je le vois, mes sœurs, je le voi :
A la table d'Esther l'insolent près du roi
A déjà pris sa place.

UNE DES ISRAÉLITES. Ministres du festin, de grâce, dites-nous,
Quels mets à ce cruel, quel vin préparez-vous?

UNE AUTRE. Le sang de l'orphelin,

UNE TROISIÈME. Les pleurs des misérables,

LA SECONDE. Sont ses mets les plus agréables.

LA TROISIÈME. C'est son breuvage le plus doux.

ÉLISE. Chères sœurs, suspendez la douleur qui vous presse.
Chantons, on nous l'ordonne ; et que puissent nos chants
Du cœur d'Assuérus adoucir la rudesse,
Comme autrefois David par ses accords touchants
Calmait d'un roi jaloux la sauvage tristesse.

(Tout le reste de cette scène est chanté.)

UNE ISRAÉLITE. Que le peuple est heureux,
Lorsqu'un roi généreux,
Craint dans tout l'univers, veut encore qu'on l'aime!
Heureux le peuple! heureux le roi lui-même!

TOUT LE CHŒUR. O repos! ô tranquillité!
O d'un parfait bonheur assurance éternelle,
Quand la suprême autorité
Dans ses conseils a toujours auprès d'elle
La justice et la vérité!

(Les quatre stances suivantes sont chantées alternativement par une voix seule et par le chœur.)

UNE ISRAÉLITE. Rois, chassez la calomnie :
Ses criminels attentats
Des plus paisibles Etats
Troublent l'heureuse harmonie.

Sa fureur, de sang avide,
Poursuit partout l'innocent.
Rois, prenez soin de l'absent
Contre sa langue homicide.

De ce monstre si farouche
Craignez la feinte douceur :
La vengeance est dans son cœur,
Et la pitié dans sa bouche.

La fraude adroite et subtile
Sème de fleurs son chemin :

Mais sur ses pas vient enfin
Le repentir inutile.

UNE ISRAÉLITE *seule.* D'un souffle l'aquilon écarte les nuages,
Et chasse au loin la foudre et les orages.
Un roi sage, ennemi du langage menteur,
Ecarte d'un regard le perfide imposteur.

UNE AUTRE. J'admire un roi victorieux,
Que sa valeur conduit triomphant en tous lieux:
Mais un roi sage et qui hait l'injustice,
Qui sous la loi du riche impérieux
Ne souffre point que le pauvre gémisse,
Est le plus beau présent des cieux.

UNE AUTRE. La veuve en sa défense espère;
UNE AUTRE. De l'orphelin il est le père;
TOUTES ENSEMBLE. Et les larmes du juste implorant son appui
Sont précieuses devant lui.

UNE ISRAÉLITE *seule.* Détourne, roi puissant, détourne tes oreilles
De tout conseil barbare et mensonger.
Il est temps que tu t'éveilles,
Dans le sang innocent ta main va se plonger
Pendant que tu sommeilles.
Détourne, roi puissant, détourne tes oreilles
De tout conseil barbare et mensonger.

UNE AUTRE. Ainsi puisse sous toi trembler la terre entière!
Ainsi puisse à jamais contre tes ennemis
Le bruit de ta valeur te servir de barrière!
S'ils t'attaquent, qu'ils soient en un moment soumis;
Que de ton bras la force les renverse;
Que de ton nom la terreur les disperse:
Que tout leur camp nombreux soit devant tes soldats
Comme d'enfants une troupe inutile;
Et si par un chemin il entre en tes Etats,
Qu'il en sorte par plus de mille.

SCÈNE IV.

ASSUÉRUS, ESTHER, AMAN, ÉLISE, LE CHOEUR.

ASSUÉRUS *à Esther.* Oui, vos moindres discours ont des grâces secrètes:
Une noble pudeur à tout ce que vous faites
Donne un prix que n'ont point ni la pourpre ni l'or.
Quel climat renfermait un si rare trésor?
Dans quel sein vertueux avez-vous pris naissance?
Et quelle main si sage éleva votre enfance?
Mais dites promptement ce que vous demandez:
Tous vos désirs, Esther, vous seront accordés;
Dussiez-vous, je l'ai dit, et veux bien le redire,
Demander la moitié de ce puissant empire.

ESTHER. Je ne m'égare point dans ces vastes désirs.
Mais puisqu'il faut enfin expliquer mes soupirs,
Puisque mon roi lui-même à parler me convie,
(*Elle se jette aux pieds du roi.*)
J'ose vous implorer, et pour ma propre vie,
Et pour les tristes jours d'un peuple infortuné
Qu'à périr avec moi vous avez condamné.

ASSUÉRUS *la relevant.* A périr! Vous! Quel peuple? Et quel est ce mystère?
AMAN *à part.* Je tremble.
ESTHER. Esther, seigneur, eut un Juif pour son père:
De vos ordres sanglants vous savez la rigueur.
AMAN *à part.* Ah dieux!
ASSUÉRUS. Ah! de quel coup me percez-vous le cœur!
Vous la fille d'un Juif! Hé quoi! tout ce que j'aime,
Cette Esther, l'innocence et la sagesse même,
Que je croyais du ciel les plus chères amours,
Dans cette source impure aurait puisé ses jours!
Malheureux!

ESTHER. Vous pourrez rejeter ma prière;
Mais je demande au moins que, pour grâce dernière,
Jusqu'à la fin, seigneur, vous m'entendiez parler,
Et que surtout Aman n'ose point me troubler.

ASSUÉRUS. Parlez.
ESTHER. O Dieu, confonds l'audace et l'imposture!
Ces Juifs, dont vous voulez délivrer la nature,
Que vous croyez, seigneur, le rebut des humains,
D'une riche contrée autrefois souverains,
Pendant qu'ils n'adoraient que le Dieu de leurs pères
Ont vu bénir le cours de leurs destins prospères.
Ce Dieu, maître absolu de la terre et des cieux,
N'est point tel que l'erreur le figure à vos yeux.
L'Eternel est son nom; le monde est son ouvrage:
Il entend les soupirs de l'humble qu'on outrage,
Juge tous les mortels avec d'égales lois,
Et du haut de son trône interroge les rois:
Des plus fermes Etats la chute épouvantable,
Quand il veut, n'est qu'un jeu de sa main redoutable.
Les Juifs à d'autres dieux osèrent s'adresser:
Roi, peuples, en un jour tout se vit disperser;
Sous les Assyriens leur triste servitude
Devint le juste prix de leur ingratitude.
Mais, pour punir enfin nos maîtres à leur tour,
Dieu fit choix de Cyrus avant qu'il vît le jour,
L'appela par son nom, le promit à la terre,
Le fit naître, et soudain l'arma de son tonnerre,
Brisa les fiers remparts et les portes d'airain,
Mit des superbes rois la dépouille en sa main,
De son temple détruit vengea sur eux l'injure:
Babylone paya nos pleurs avec usure.
Cyrus, par lui vainqueur, publia ses bienfaits,
Regarda notre peuple avec des yeux de paix,
Nous rendit et nos lois et nos fêtes divines;
Et le temple déjà sortait de ses ruines.
Mais, de ce roi si sage héritier insensé,
Son fils interrompit l'ouvrage commencé,
Fut sourd à nos douleurs. Dieu rejeta sa race,
Le retrancha lui-même, et vous mit en sa place.
Que n'espérions-nous point d'un roi si généreux?
Dieu regarde en pitié son peuple malheureux,
Disions-nous; un roi règne, ami de l'innocence.
Partout du nouveau prince on vantait la clémence:
Les Juifs partout de joie en poussèrent des cris.
Ciel! verra-t-on toujours par de cruels esprits
Des princes les plus doux l'oreille environnée,
Et du bonheur public la source empoisonnée!
Dans le fond de la Thrace un barbare enfanté
Est venu dans ces lieux souffler la cruauté:
Un ministre ennemi de votre propre gloire...

AMAN. De votre gloire! moi! Ciel! le pourriez-vous croire?
Moi qui n'ai d'autre objet ni d'autre dieu...

ASSUÉRUS. Tais-toi,
Oses-tu donc parler sans l'ordre de ton roi?

ESTHER. Notre ennemi cruel devant vous se déclare.
C'est lui; c'est ce ministre infidèle et barbare
Qui, d'un zèle trompeur à vos yeux revêtu,
Contre notre innocence arma votre vertu.
Et quel autre, grand Dieu! qu'un Scythe impitoyable
Aurait de tant d'horreurs dicté l'ordre effroyable!
Partout l'affreux signal en même temps donné
De meurtres remplira l'univers étonné:
On verra, sous le nom du plus juste des princes,
Un perfide étranger désoler vos provinces;
Et dans ce palais même, en proie à son courroux,
Le sang de vos sujets regorger jusqu'à vous.
Et que reproche aux Juifs sa haine envenimée?
Quelle guerre intestine avons-nous allumée?
Les a-t-on vu marcher parmi vos ennemis?
Fut-il jamais au joug esclaves plus soumis?
Adorant dans leurs fers le Dieu qui les châtie,
Pendant que votre main sur eux appesantie
A leurs persécuteurs les livrait sans secours,
Ils conjuraient ce Dieu de veiller sur vos jours,
De rompre des méchants les trames criminelles,
De mettre votre trône à l'ombre de ses ailes.
N'en doutez point, seigneur, il fut votre soutien:
Lui seul mit à vos pieds le Parthe et l'Indien,
Dissipa devant vous les innombrables Scythes,
Et renferma les mers dans vos vastes limites:
Lui seul aux yeux d'un Juif découvrit le dessein
De deux traîtres tout prêts à vous percer le sein.
Hélas! ce Juif jadis m'adopta pour sa fille.

ASSUÉRUS. Mardochée?
ESTHER. Il restait seul de notre famille.
Mon père était son frère. Il descend comme moi
Du sang infortuné de notre premier roi.
Plein d'une juste horreur pour un Amalécite,
Race que notre Dieu de sa bouche a maudite
Il n'a devant Aman pu fléchir les genoux,
Ni lui rendre un honneur qu'il ne croit dû qu'à vous.
De là contre les Juifs et contre Mardochée
Cette haine, seigneur, sous d'autres noms cachée.
En vain de vos bienfaits Mardochée est paré:
A la porte d'Aman est déjà préparé
D'un infâme trépas l'instrument exécrable;
Dans une heure au plus tard ce vieillard vénérable
Des portes du palais par son ordre arraché,
Couvert de votre pourpre, y doit être attaché.

ASSUÉRUS. Quel jour mêlé d'horreur vient effrayer mon âme!
Tout mon sang de colère et de honte s'enflamme.
J'étais donc le jouet... Ciel, daigne m'éclairer!
Un moment sans témoins cherchons à respirer.

Appelez Mardochée, il faut aussi l'entendre.
(Assuérus s'éloigne.)
UNE ISRAÉLITE. Vérité que j'implore, achève de descendre !

SCÈNE V.
ESTHER, AMAN, ÉLISE, LE CHOEUR.
AMAN *à Esther.* D'un juste étonnement je demeure frappé.
Les ennemis des Juifs m'ont trahi, m'ont trompé :
J'en atteste du ciel la puissance suprême,
En les perdant, j'ai cru vous assurer vous-même.
Princesse, en leur faveur employez mon crédit :
Le roi, vous le voyez, flotte encore interdit.
Je sais par quels ressorts on le pousse, on l'arrête ;
Et fais, comme il me plaît, le calme et la tempête.
Les intérêts des Juifs déjà me sont sacrés.
Parlez : vos ennemis aussitôt massacrés,
Victimes de la foi que ma bouche vous jure,
De ma fatale erreur répareront l'injure.
Quel sang demandez-vous ?
ESTHER.   Va, traître, laisse-moi.
Les Juifs n'attendent rien d'un méchant tel que toi.
Misérable ! le Dieu vengeur de l'innocence,
Tout prêt à te juger, tient déjà sa balance :
Bientôt son juste arrêt te sera prononcé.
Tremble : son jour approche, et ton règne est passé.
AMAN. Oui, ce Dieu, je l'avoue, est un Dieu redoutable.
Mais veut-il que l'on garde une haine implacable ?
C'en est fait : mon orgueil est forcé de plier.
L'inexorable Aman est réduit à prier.
(Il se jette aux pieds d'Esther.)
Par le salut des Juifs, par ces pieds que j'embrasse,
Par ce sage vieillard, l'honneur de votre race,
Daignez d'un roi terrible apaiser le courroux :
Sauvez Aman, qui tremble à vos sacrés genoux.

SCÈNE VI.
ASSUÉRUS, ESTHER, AMAN, ÉLISE, LE CHOEUR, GARDES.
ASSUÉRUS. Quoi ! le traître sur vous porte ses mains hardies !
Ah ! dans ses yeux confus je lis ses perfidies ;
Et son trouble, appuyant la foi de vos discours,
De tous ses attentats me rappelle le cours.
Qu'à ce monstre à l'instant l'âme soit arrachée,
Et que devant sa porte, au lieu de Mardochée,
Apaisant par sa mort le ciel et la terre et les cieux,
De mes peuples vengés il repaisse les yeux.
(Aman est emmené par les gardes.)

SCÈNE VII.
ASSUÉRUS, ESTHER, MARDOCHÉE, ÉLISE, LE CHOEUR.
ASSUÉRUS *à Mardochée.* Mortel chéri du ciel, mon salut et ma joie,
Aux conseils des méchants ton roi n'est plus en proie,
Mes yeux sont dessillés, le crime est confondu :
Viens briller près de moi dans le rang qui t'est dû.
Je te donne d'Aman les biens et la puissance :
Possède heureusement son injuste opulence.
Je romps le joug funeste où les Juifs sont soumis,
Je leur livre le sang de tous leurs ennemis :
A l'égal des Persans je veux qu'on les honore,
Et que tout tremble au nom du Dieu qu'Esther adore.
Rebâtissez son temple et peuplez vos cités ;
Que vos heureux enfants dans leurs solennités
Consacrent de ce jour le triomphe et la gloire,
Et qu'à jamais mon nom vive dans leur mémoire.

SCÈNE VIII.
ASSUÉRUS, ESTHER, MARDOCHÉE, ASAPH, ÉLISE, LE CHOEUR.
ASSUÉRUS. Que veut Asaph ?
ASAPH.   Seigneur, le traître est expiré,
Par le peuple en fureur à moitié déchiré.
On traîne, on va donner en spectacle funeste
De son corps tout sanglant le misérable reste.
MARDOCHÉE. Roi, qu'à jamais le ciel prenne soin de vos jours !
Le péril des Juifs presse et veut un prompt secours.
ASSUÉRUS. Oui, je t'entends. Allons par des ordres contraires
Révoquer d'un méchant les ordres sanguinaires.
ESTHER. O Dieu, par quelle route inconnue aux mortels
Ta sagesse conduit ses desseins éternels !

SCÈNE IX.
LE CHOEUR.
TOUT LE CHOEUR. Dieu fait triompher l'innocence,
Chantons, célébrons sa puissance.
UNE ISRAÉLITE. Il a vu contre nous les méchants s'assembler,
Et notre sang prêt à couler ;
Comme l'eau sur la terre ils allaient le répandre :
Du haut du ciel sa voix s'est fait entendre ;
L'homme superbe est renversé,
Ses propres flèches l'ont percé.
UNE AUTRE. J'ai vu l'impie adoré sur la terre ;
Pareil au cèdre, il cachait dans les cieux
Son front audacieux ;
Il semblait à son gré gouverner le tonnerre,
Foulait aux pieds ses ennemis vaincus :
Je n'ai fait que passer, il n'était déjà plus.
UNE AUTRE. On peut des plus grands rois surprendre la justice :
Incapables de tromper,
Ils ont peine à s'échapper
Des piéges de l'artifice.
Un cœur noble ne peut soupçonner en autrui
La bassesse et la malice
Qu'il ne sent point en lui.
UNE AUTRE. Comment s'est calmé l'orage ?
UNE AUTRE. Quelle main salutaire a chassé le nuage ?
TOUT LE CHOEUR. L'aimable Esther a fait ce grand ouvrage.
UNE ISRAÉLITE *seule.* De l'amour de son Dieu son cœur s'est embrasé ;
Au péril d'une mort funeste
Son zèle ardent s'est exposé ;
Elle a parlé : le ciel a fait le reste.
DEUX ISRAÉLITES. Esther a triomphé des filles des Persans :
La nature et le ciel à l'envi l'ont ornée.
L'UNE DES DEUX. Tout ressent de ses yeux les charmes innocents.
Jamais tant de beauté fut-elle couronnée ?
L'AUTRE. Les charmes de son cœur sont encor plus puissants.
Jamais tant de vertu fut-elle couronnée ?
TOUTES DEUX *ensemble.* Esther a triomphé des filles des Persans :
La nature et le ciel à l'envi l'ont ornée.
UNE ISRAÉLITE *seule.* Ton Dieu n'est plus irrité ;
Réjouis-toi, Sion, et sors de la poussière ;
Quitte les vêtements de ta captivité,
Et reprends ta splendeur première.
Les chemins de Sion à la fin sont ouverts :
Rompez vos fers,
Tribus captives,
Troupes fugitives,
Repassez les monts et les mers ;
Rassemblez-vous des bouts de l'univers.
TOUT LE CHOEUR. Rompez vos fers,
Tribus captives,
Troupes fugitives,
Repassez les monts et les mers :
Rassemblez-vous des bouts de l'univers.
UNE ISRAÉLITE *seule.* Je reverrai ces campagnes si chères.
UNE AUTRE. J'irai pleurer au tombeau de mes pères.
TOUT LE CHOEUR. Repassez les monts et les mers ;
Rassemblez-vous des bouts de l'univers.
UNE ISRAÉLITE *seule.* Relevez, relevez les superbes portiques
Du temple où notre Dieu se plaît d'être adoré :
Que de l'or le plus pur son autel soit paré,
Et que du sein des monts le marbre soit tiré.
Liban, dépouille-toi de tes cèdres antiques :
Prêtres sacrés, préparez vos cantiques.
UNE AUTRE. Dieu descend et revient habiter parmi nous :
Terre, frémis d'allégresse et de crainte ;
Et vous, sous sa majesté sainte,
Cieux, abaissez-vous.
UNE AUTRE. Que le Seigneur est bon ! que son joug est aimable !
Heureux qui dès l'enfance en connaît la douceur !
Jeune peuple, courez à ce maître adorable :
Les biens les plus charmants n'ont rien de comparable
Aux torrents de plaisirs qu'il répand dans un cœur.
Que le Seigneur est bon ! que son joug est aimable !
Heureux qui dès l'enfance en connaît la douceur !
UNE AUTRE. Il s'apaise, il pardonne ;
Du cœur ingrat s'il abandonne
Il attend le retour ;
Il excuse notre faiblesse :
A nous chercher même il s'empresse :
Pour l'enfant qu'elle a mis au jour
Une mère a moins de tendresse.
Ah ! qui peut avec lui partager notre amour !
TROIS ISRAÉLITES. Il nous fait remporter une illustre victoire.
L'UNE DES TROIS. Il nous a révélé sa gloire.
TOUTES TROIS *ensemble.* Ah ! qui peut avec lui partager notre amour !
TOUT LE CHOEUR. Que son nom soit béni ; que son nom soit chanté ;
Que l'on célèbre ses ouvrages
Au delà des temps et des âges,
Au delà de l'éternité.

FIN D'ESTHER.

CANTIQUES SPIRITUELS.

Les *Cantiques spirituels*, composés comme *Esther* pour la communauté de Saint-Cyr, doivent naturellement trouver leur place à la suite de cette tragédie. Madame de Maintenon en confia la musique à Moreau en 1694, et les fit exécuter par les pensionnaires. Après avoir entendu la première stance du Cantique II :

Mon Dieu ! quelle guerre cruelle !
Je trouve deux hommes en moi !

Louis XIV dit à madame de Maintenon : « Ah ! madame, voilà deux hommes que je connais bien ! »

CANTIQUE PREMIER.

A LA LOUANGE DE LA CHARITÉ.

(Tiré de la première Épître de saint Paul aux Corinthiens, ch. XIII.)

Les méchants m'ont vanté leurs mensonges frivoles ;
Mais je n'aime que les paroles
De l'éternelle Vérité.
Plein du feu divin qui m'inspire,
Je consacre aujourd'hui ma lyre
A la céleste Charité.

En vain je parlerais le langage des anges,
En vain, mon Dieu, de tes louanges
Je remplirais tout l'univers :
Sans amour, ma gloire n'égale
Que la gloire de la cymbale
Qui d'un vain bruit frappe les airs.

Que sert à mon esprit de percer les abîmes
Des mystères les plus sublimes,
Et de lire dans l'avenir?
Sans amour, ma science est vaine,
Comme le songe dont à peine
Il reste un léger souvenir.

Que me sert que ma foi transporte les montagnes,
Que, dans les arides campagnes,
Les torrents naissent sous mes pas ;
Ou que, ranimant la poussière,
Elle rende aux morts la lumière,
Si l'amour ne l'anime pas ?

Oui, mon Dieu, quand mes mains de tout mon héritage
Aux pauvres feraient le partage ;
Quand même pour le nom chrétien,
Bravant les croix les plus infâmes,
Je livrerais mon corps aux flammes,
Si je n'aime, je ne suis rien.

Que je vois de vertus qui brillent sur ta trace,
Charité, fille de la Grâce !
Avec toi marche la Douceur,
Que suit avec un air affable,
La Patience inséparable
De la Paix, son aimable sœur.

Tel que l'astre du jour écarte les ténèbres,
De la nuit compagnes funèbres ;
Telle tu chasses d'un coup d'œil
L'Envie, aux humains si fatale,
Et toute la troupe infernale
Des Vices, enfants de l'Orgueil.

Libre d'ambition, simple et sans artifice,
Autant que tu hais l'injustice,
Autant la vérité te plaît.
Que peut la colère farouche
Sur un cœur que jamais ne touche
Le soin de son propre intérêt?

Aux faiblesses d'autrui loin d'être inexorable,
Toujours d'un voile favorable
Tu t'efforces de les couvrir.
Quel triomphe manque à ta gloire?
L'amour sait tout vaincre, tout croire,
Tout espérer, et tout souffrir.

Un jour Dieu cessera d'inspirer des oracles ;
Le don des langues, les miracles,
La science aura son déclin :
L'amour, la charité divine,
Eternelle en son origine,
Ne connaîtra jamais de fin.

Nos clartés ici-bas ne sont qu'énigmes sombres ;
Mais Dieu, sans voiles et sans ombres,
Nous éclairera dans les cieux ;
Et ce soleil inaccessible,
Comme à ses yeux je suis visible,
Se rendra visible à mes yeux.

L'amour sur tous les dons l'emporte avec justice.
De notre céleste édifice
La Foi vive est le fondement ;
La sainte Espérance l'élève,
L'ardente Charité l'achève,
Et l'assure éternellement.

Quand pourrai-je t'offrir, ô Charité suprême,
Au sein de la lumière même,
Le cantique de mes soupirs ;
Et toujours brûlant pour ta gloire,

Toujours puiser et toujours boire
Dans la source des vrais plaisirs?

CANTIQUE II.

PLAINTES D'UN CHRÉTIEN SUR LES CONTRARIÉTÉS QU'IL ÉPROUVE AU DEDANS DE LUI-MÊME.

(Tiré de l'Épître de saint Paul aux Romains, ch. VII.)

Mon Dieu! quelle guerre cruelle!
Je trouve deux hommes en moi :
L'un veut que, plein d'amour pour toi,
Mon cœur te soit toujours fidèle;
L'autre, à tes volontés rebelle,
Me révolte contre ta loi.

L'un, tout esprit et tout céleste,
Veut qu'au ciel sans cesse attaché,
Et des biens éternels touché,
Je compte pour rien tout le reste ;
Et l'autre, par son poids funeste,
Me tient vers la terre penché.

Hélas ! en guerre avec moi-même,
Où pourrai-je trouver la paix?
Je veux, et n'accomplis jamais.
Je veux; mais (ô misère extrême !)
Je ne fais pas le bien que j'aime,
Et je fais le mal que je hais.

O grâce, ô rayon salutaire !
Viens me mettre avec toi d'accord,
Et, domptant par un doux effort
Cet homme qui t'est si contraire,
Fais ton esclave volontaire
De cet esclave de la mort.

CANTIQUE III.

SUR LE BONHEUR DES JUSTES ET SUR LE MALHEUR DES RÉPROUVÉS.

(Tiré du livre de la Sagesse, ch. V.)

Heureux qui, de la sagesse
Attendant tout son secours,
N'a point mis en la richesse
L'espoir de ses derniers jours ?
La mort n'a rien qui l'étonne ;
Et, dès que son Dieu l'ordonne,
Son âme, prenant l'essor,
S'élève d'un vol rapide
Vers la demeure où réside
Son véritable trésor.

De quelle douleur profonde
Seront un jour pénétrés
Ces insensés qui du monde,
Seigneur, vivent enivrés;
Quand, par une fin soudaine,
Détrompés d'une ombre vaine
Qui passe et ne revient plus,
Leurs yeux, du fond de l'abîme,
Près de ton trône sublime
Verront briller tes élus !

« Infortunés que nous sommes,
» Où s'égaraient nos esprits !
» Voilà, diront-ils, ces hommes,
» Vils objets de nos mépris !
» Leur sainte et pénible vie
» Nous parut une folie,
» Mais, aujourd'hui triomphants,
» Le ciel chante leur louange,
» Et Dieu lui-même les range
» Au nombre de ses enfants.

» Pour trouver un bien fragile
» Qui nous vient d'être arraché,
» Par quel chemin difficile,
» Hélas ! nous avons marché !
» Dans une route insensée
» Notre âme en vain s'est lassée,
» Sans se reposer jamais,
» Fermant l'œil à la lumière,
» Qui nous montrait la carrière
» De la bienheureuse paix.

» De nos attentats injustes
» Quel fruit nous est-il resté ?
» Où sont les titres augustes
» Dont notre orgueil s'est flatté ?
» Sans amis et sans défense,
» Au trône de la vengeance
» Appelés en jugement,
» Faibles et tristes victimes,
» Nous y venons de nos crimes
» Accompagnés seulement. »

Ainsi, d'une voix plaintive,
Exprimera ses remords
La pénitence tardive
Des inconsolables morts.
Ce qui faisait leurs délices,
Seigneur, fera leurs supplices;
Et, par une égale loi,
Tes saints trouveront des charmes
Dans le souvenir des larmes
Qu'ils versent ici pour toi.

CANTIQUE IV.

SUR LES VAINES OCCUPATIONS DES GENS DU SIÈCLE.

(Tiré de divers endroits d'Isaïe et de Jérémie.)

Quel charme vainqueur du monde
Vers Dieu m'élève aujourd'hui ?
Malheureux l'homme qui fonde
Sur les hommes son appui !
Leur gloire fuit et s'efface
En moins de temps que la trace
Du vaisseau qui fend les mers,
Ou de la flèche rapide
Qui, loin de l'œil qui la guide,
Cherche l'oiseau dans les airs.

De la Sagesse immortelle
La voix tonne et nous instruit :
« Enfants des hommes, dit-elle,
» De vos soins quel est le fruit ?
» Par quelle erreur, âmes vaines,
» Du plus pur sang de vos veines

» Achetez-vous si souvent,
» Non un pain qui vous repaisse,
» Mais une ombre qui vous laisse
» Plus affamés que devant?

» Le pain que je vous propose
» Sert aux anges d'aliment;
» Dieu lui-même le compose
» De la fleur de son froment.
» C'est ce pain si délectable
» Que ne sert point à sa table
» Le monde que vous suivez.
» Je l'offre à qui veut me suivre :
» Approchez. Voulez-vous vivre,
» Prenez, mangez, et vivez. »

O Sagesse ! ta parole
Fit éclore l'univers,
Posa sur un double pôle
La terre au milieu des airs.
Tu dis; et les cieux parurent,
Et tous les astres coururent
Dans leur ordre se placer.
Avant les siècles tu règnes :

Et qui suis-je, que tu daignes
Jusqu'à moi te rabaisser?

Le Verbe, image du Père,
Laissa son trône éternel,
Et d'une mortelle mère
Voulut naître homme et mortel.
Comme l'orgueil fut le crime
Dont il naissait la victime,
Il dépouilla sa splendeur,
Il vint pauvre et misérable,
Apprendre à l'homme coupable
Sa véritable grandeur.

L'âme heureusement captive
Sous ton joug trouve la paix,
Et s'abreuve d'une eau vive
Qui ne s'épuise jamais.
Chacun peut boire en cette onde,
Elle invite tout le monde ;
Mais nous courons follement
Chercher des sources bourbeuses,
Ou des citernes trompeuses
D'où l'eau fuit à tout moment.

ACTE III, SCÈNE IV.
ESTHER. J'ose vous implorer, et pour ma propre vie...

Paris. — Typographie Plon frères, rue de Vaugirard, 36.

www.ingramcontent.com/pod-product-compliance
Lightning Source LLC
Chambersburg PA
CBHW071449060426
42450CB00009BA/2343